JÜRGEN PARTENHEIMER
METAPHYSISCHE LANDSCHAFT
METAPHYSICAL LANDSCAPE

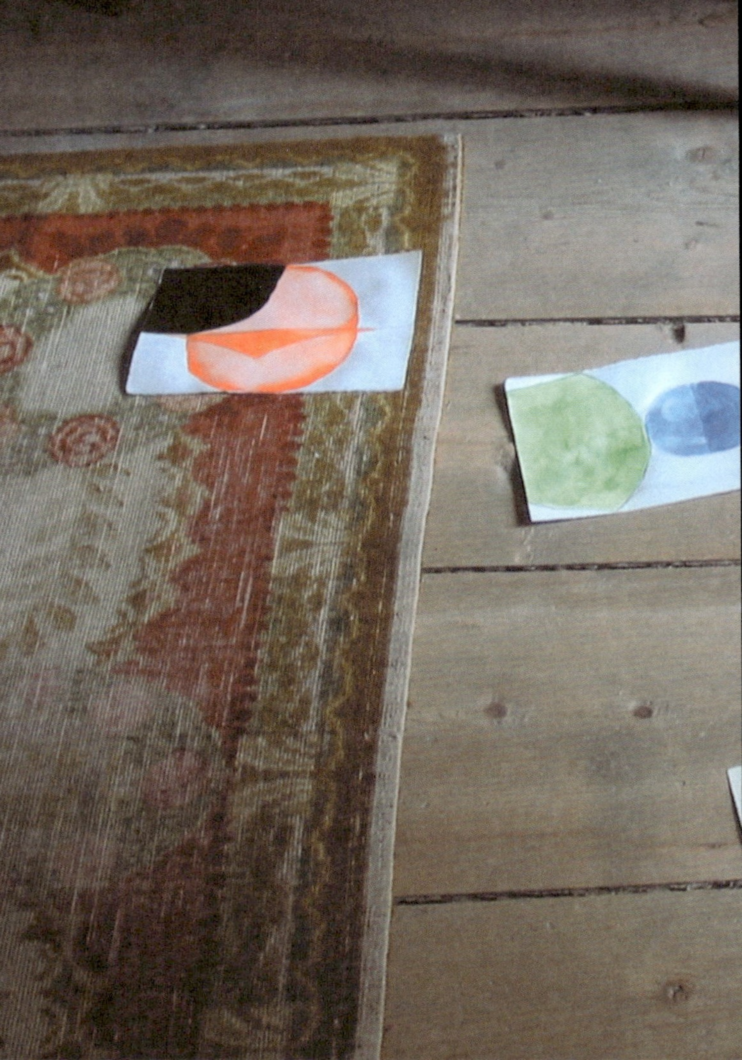

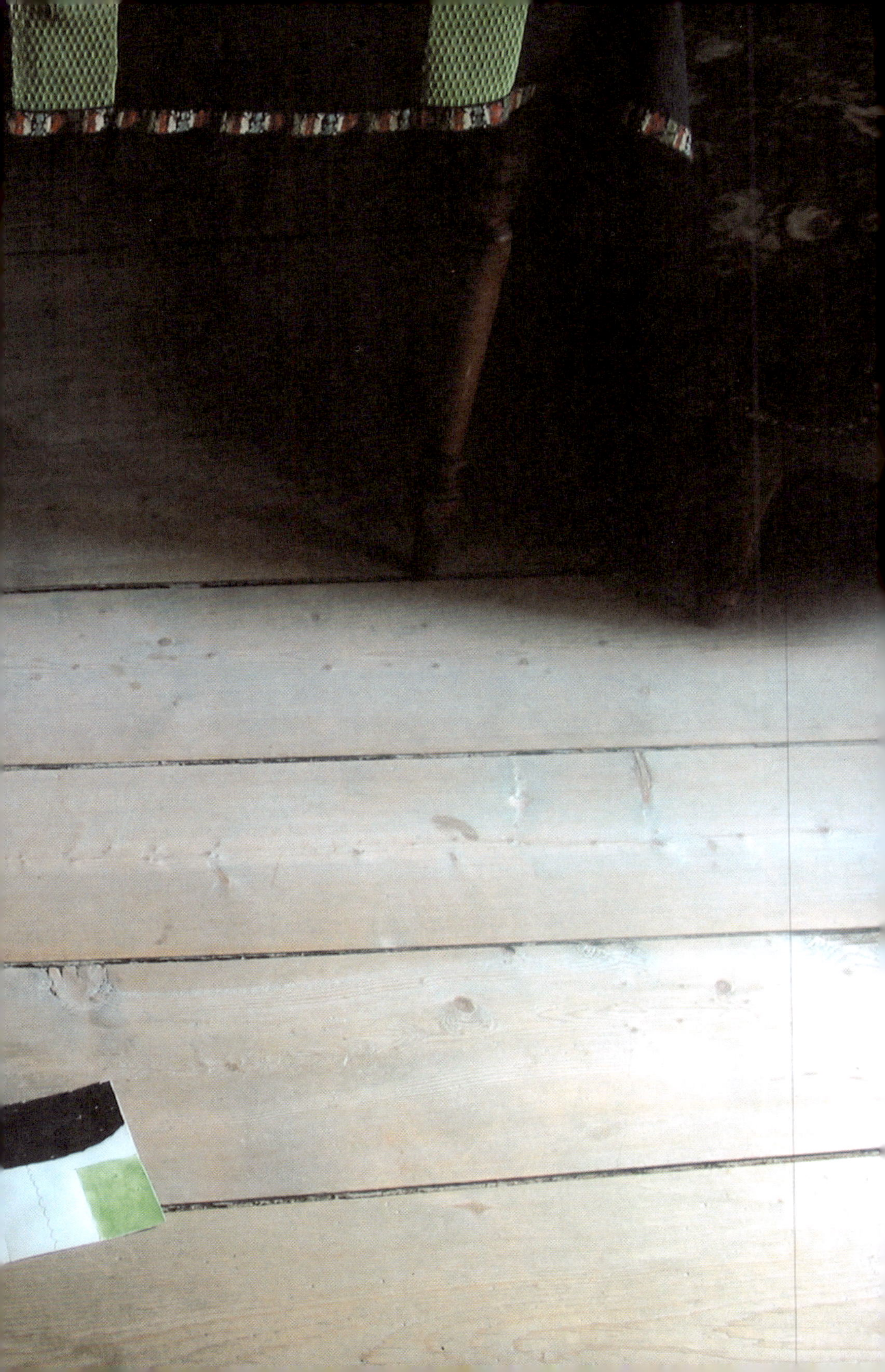

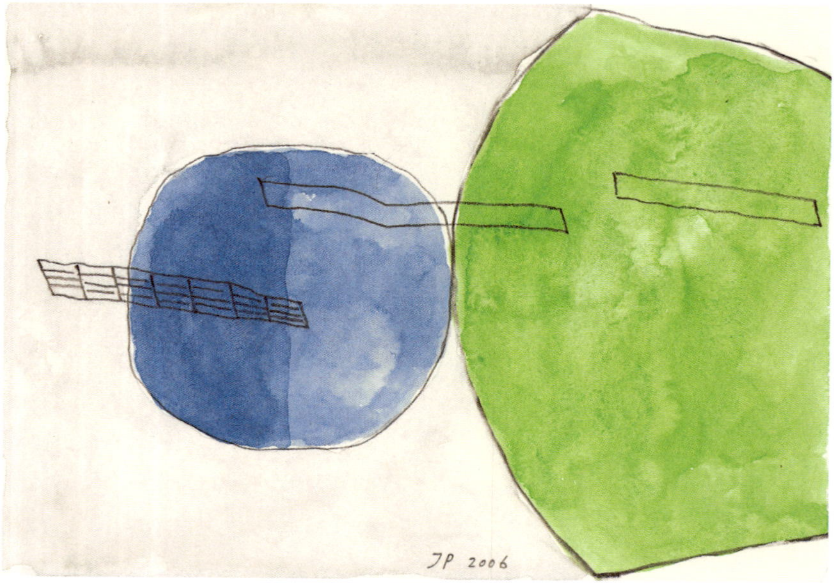

Sils-Maria, Nietzsche-Haus, Julier
7.7.2006

VORWORT

Peter André Bloch

Das Nietzsche-Haus: ein Ort des Rückzugs zu sich selbst

Jedes Jahr besuchen Tausende von Gästen aus aller Herren Ländern die Ausstellungsräume des Nietzsche-Hauses, in denen auf die reichen Schaffensjahre des grossen Schriftstellers und Philosophen in Sils-Maria hingewiesen wird. Sie erhalten Einblick in seine Persönlichkeit, sein Werk und seine Wirkung, auf eine unaufdringlichsachliche Weise, geht es doch in erster Linie darum, dem Betrachter die Arbeitsstätte des Dichters und Denkers zu zeigen, wo in beeindruckender Schlichtheit und Zurückgezogenheit Nietzsches bedeutendste Werke entstanden sind. Der Stiftungsrat hat es übernommen, das Gebäude in seiner berührenden Ursprünglichkeit zu erhalten und einem interessierten Publikum zu öffnen. Mit wissenschaftlicher Verantwortung und künstlerischem Verständnis soll auf die ausserordentliche Bedeutung von Nietzsches Œuvre eingegangen werden, auf seine provozierende Vielschichtigkeit und originelle Strahlkraft, die lange Zeit durch Missverständnisse und Fälschungen, politische Sektiererei und ideologische Vorurteile belastet wurden. Dazu braucht es Zeit und authentische Informationen sowie anregende Gespräche und Auseinandersetzungen mit Künstlern und Denkern der Gegenwart.

Das Haus verfügt über eine umfassende Sammlung von Nietzsche-Ausgaben und Porträtstudien sowie eine umfangreiche Bibliothek mit wissenschaftlichen Auseinandersetzungen zu Nietzsches Werk, aber auch allgemeinen Publikationen zu Literatur, Philosophie und Kunst, Politik und Geisteswissenschaft. Zudem besitzt es einen reichen Bestand von Nietzsche-

Autografen und -Dokumenten. Von Marcel Proust und Thomas Mann bis Paul Celan und Pablo Neruda dokumentieren zahlreiche Fotos und Äusserungen von namhaften Schriftstellern die ausserordentliche Wirkung von Nietzsches *metaphysischer Landschaft* auf deren Schaffen. Als Schriftsteller und Essayist wirkt Nietzsche ebenso spannend wie als Philosoph und Lyriker, denn seine kritisch-innovativen Arbeiten bewegen sich immer auf der Grenze aktuellster Vorstellungen, die er mit immer wieder neuen Denk- und Darstellungsmethoden überholt und die ihn zu den Begründern und frühen Vertretern der Postmoderne zählen lassen, mit einer ausserordentlichen Wirkung auch auf die zeitgenössische Kunst. Dies zeigt sich auch in den zahlreichen experimentellen Kunstausstellungen, die bisher im Nietzsche-Haus stattgefunden haben, in denen sich bedeutende Künstler der Gegenwart mit Nietzsches Ästhetik und der Landschaft des Oberengadins auseinandersetzten, wie zum Beispiel Gerhard Richter und Helmut Federle.

Vorstellungskraft und Darstellungsvermögen

Es ist die Sprengkraft denkerischer und künstlerischer Freiheit, verbunden mit der visionären Sensibilität seiner Wahrnehmungsphilosophie, die zahlreichen avantgardistischen Kunstschaffenden von der Jahrhundertwende bis zur Gegenwart den Weg zu sich selber wies. Nietzsche glaubte an die unbedingte Macht seiner Vorstellungskraft, die ihn stets an die Grenzen des Darstellbaren führte. Mit ihm wissen sich alle diejenigen verbunden, denen es – wie ihm – um die Spannung von Wirklichkeit und Gegenwirklichkeit geht, um Surrealität und Innovation, um das, was man Wesentlichkeit hinter den Scheinwahrheiten nennt und in seiner Spannung zwischen Substanz und Energie kaum je fassen kann.

Jürgen Partenheimer ist sich dieser faszinierend vielschichtigen Suche nach Ausdrucksprinzipien und Wirklichkeitskonzepten bewusst. Ihn interessieren sowohl die Unterschiede wie auch die sie verbindenden Affinitäten in ihrer gemeinsamen, grundsätzlichen Erkenntnis der Undarstellbarkeit von Wirklichkeit sowie der gleichzeitige Versuch, gerade diese Undarstellbarkeit zum Thema der Arbeit zu machen. Die Wechselwirkung von Wissenschaft und Kunst sowie deren Darstellungsdiskurs beschäftigen ihn seit Jahren ganzheitlich als Künstler sowie als Autor und Forscher. Dabei interessieren ihn vor allem die Probleme von Eindeutigkeit und Mehrdimensionalität und deren Wahrnehmung im Denken und Kunstschaffen, die er in zahlreichen internationalen Ausstellungen und Veröffentlichungen – anschaulich und theoretisch – vorgestellt hat.

Poetische Konfigurationskompositionen

Als Doppelbegabung ist Partenheimer einer der interessantesten poetischen und philosophischen Künstler der Gegenwart. Mit seiner Vorstellungskraft, seinem ästhetischen Bewusstsein und seiner Sensibilität steht er dem Poeten Nietzsche sehr nahe: vor allem in seiner medialen Unbedingtheit, mit welcher bei ihm die persönlichen raumzeitlichen Dimensionen in einem mehrperspektivistisch wirkenden Wahrnehmungsprozess zur eigenen – und gleichzeitig in sich absoluten – lyrischen Gegenwirklichkeit umgesetzt werden. Das schöpferische Moment besitzt neben seiner Unmittelbarkeit eine bewusst reflektierende Seite, welche den erfahrungshaft-lyrischen Gestus in einen nachvollziehbaren – prozesshaft verbindlichen – Ablauf bringt. Derartige Umsetzungsbegabungen sind selten. Dazu gehört Konzentrationsvermögen in grosser Abgeschiedenheit, denn es bleibt selten beim einzigen

Ansatz oder einer einzigen Arbeit; meist ergeben sich Zyklen, in denen sich das Thema in den unterschiedlichsten Facetten verspiegelt, im unendlichen Drang ganzheitlicher Vollendung, im Versuch, Undarstellbarkeit zu überwinden. Im Teil verbirgt sich immer auch das Ganze, sodass sich ein wunderbares Wechselspiel der verschiedenen Partien zueinander entfaltet. So verhält es sich auch in Nietzsches Gedichtzyklen, in seinen umfangreicheren Abhandlungen oder den rauschhaft-visionären Dichtungen. Dies ist der Grund, weshalb in seinen Werken jede einzelne Aussage mit Sicherheit ihre echohafte Antwort, Ergänzung oder gar den eigenen Widerspruch auslöst, der Musik vergleichbar, in welcher sich das Thema in unterschiedlichen Variationen und auf verschiedenen Ebenen entwickelt und auch kontrapunktisch erfüllt. Genau diese Erfahrung macht man mit dem Werk Jürgen Partenheimers, dessen internationale Ausstellungen gerade in ihrer kontrastreichen Vielfalt von einer ungemeinen Geschlossenheit der eigenen Ausdruckswelt getragen sind.

Von der Entstehung einer malerischen Fuge mit Kadenzen

Im Sommer 2006 weilte Jürgen Partenheimer im Nietzsche-Haus, wo er sich dem «Kraftfeld» Nietzsche aussetzte. Er arbeitete vor allem im Nietzsche-Zimmer. Dabei gelang ihm eine einzigartige Folge zeichenhafter Darstellungen von rätselhafter Intensität, in denen ausgewählte Motive des Nietzsche-Hauses oder der Engadiner Landschaft aufleuchten, in deren Verarbeitung sich die Wahrnehmungsphilosophie Nietzsches widerspiegelt. Die wirklichkeitshaltigen Impulse sind auf einige minimalistische Darstellungselemente reduziert, die sich in 24 Aquarellen zu einer Gesamtkomposition von erregender Qualität zusammenfügen, wobei er in dem von ihm gewählten

Umfeld wohl auch an die ästhetischen Auffassungen Nietzsches denkt, sodass er seinem eigenen Werk gegenüber gewissermassen eine doppelte – mediale – Haltung einnimmt: sie von der eigenen, authentischen Schöpferkraft aus zu verstehen suchend und gleichzeitig auch in der souveränen Auseinandersetzung mit Nietzsche.

Dank

Jürgen Partenheimer sei für sein künstlerisches Engagement herzlich gedankt. Mit der Entstehung der «malerischen Fuge mit Kadenzen» ist im Nietzsche-Haus ein faszinierendes Werk entstanden. Eine in sich so überzeugende Konsequenz und Qualität bei der Erarbeitung eines künstlerischen Experiments im direkten Umfeld des Nietzsche-Hauses habe ich bisher nur in den Kompositionen von Wolfgang Rihm, in der malerisch verdichtenden Überarbeitung eigener fotografischer Vorlagen von Gerhard Richter, in den «Raum-Zeit-Fotografien» von A.T. Schäfer, den virtuellen Digitalbildern von Martin Schwarz, den dramaturgisch in sich so meisterhaften Bearbeitungen fremder und eigener Werke durch Friedrich Dürrenmatt sowie in einigen poetischen Silser Entwürfen von Durs Grünbein erlebt.

METAPHYSICAL LANDSCAPE

JÜRGEN PARTENHEIMER

METAPHYSISCHE LANDSCHAFT

SILS-MARIA

NIETZSCHE-HAUS

SCHWABE VERLAG BASEL

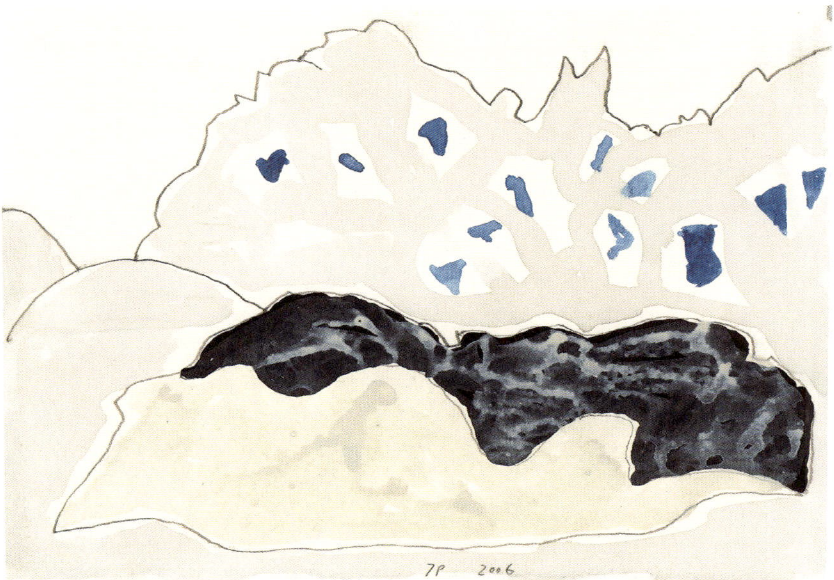

Leij de la Tscheppa, 2616 m
5.7.2006

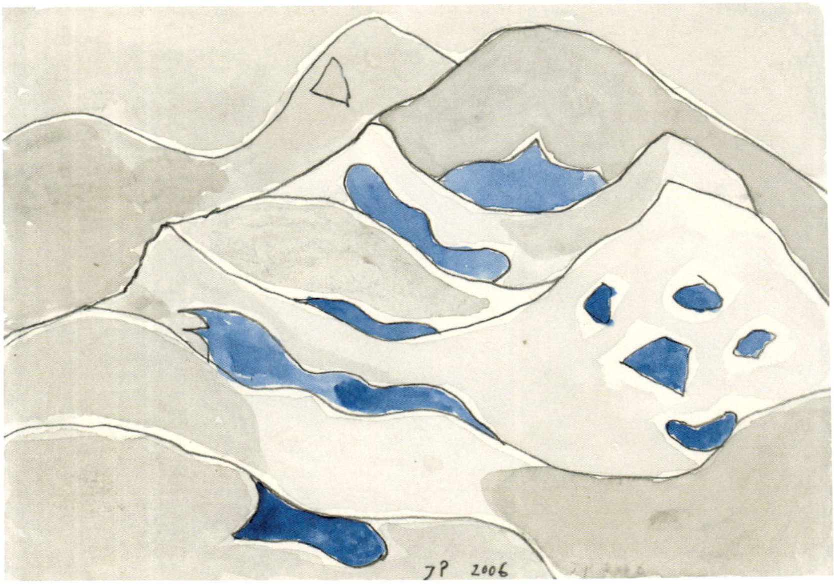

Albula, Alp d'Es-cha, 2600 m
10.7.2006

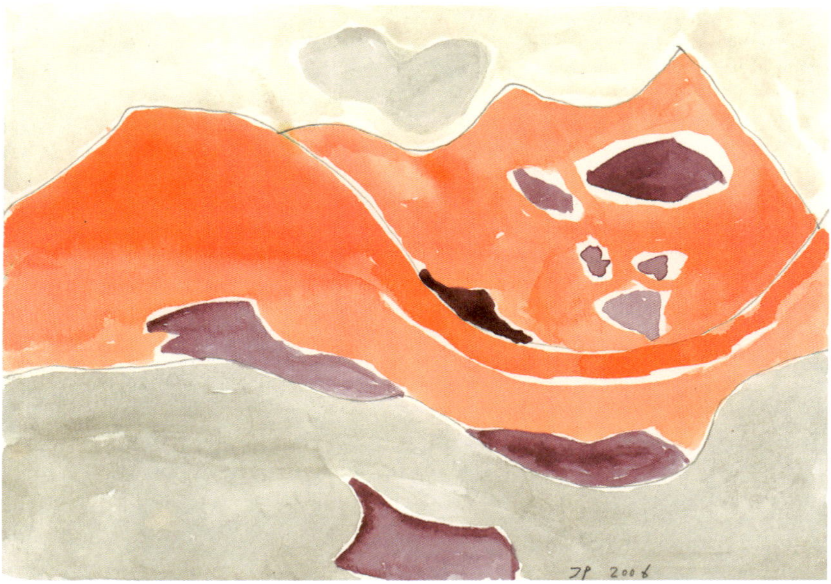

Albula, Alp d'Es-cha, 2600 m
10.7.2006

METAPHYSISCHE LANDSCHAFT

Bruno Glatt

«Wir vergessen, dass das, was wir nicht getan haben, wir auch nicht gewesen sind.»

Fernando Pessoa

«In meinen Augen ist jedoch das grösste Wunder, dass es mir gelungen ist, einen Anfang zu machen.»

V. S. Naipaul

I

Die Stube liegt im Halbdunkel der niedrigen Holzdecke kaum über Kopfhöhe, und in der Erinnerung bewegen sich Bilder und Vorstellungen karger, robuster Bergbauernhäuser. Zirbelholzstuben mit breiten Dielenböden, der Geruch von Lärchenholz, Möbel aus dem weichen Holz von Kiefer und Fichte, dunkel gebeizt, honiggelb gewachst oder mit Kernseife geblichen. Die Fenster der Stube sind klein, ihre Sprossen halten den Blick zurück. Das Licht des Tages blendet in der Ferne, fängt sich in dem feinmaschigen Netz der gewebten Gardinen wie ein Schwarm silberglänzender Fische. Das schwere Holzbett legt sich breit in die Stube, lässt einen schmalen Weg zur Waschnische auf der linken Seite und zu einem weiteren Fenster zur rechten und gibt zum Fussende des Bettes einen kleinen rechteckigen Raum frei, der einen Holztisch mit Stuhl gestattet. Er rückt ihn vor eines der beiden Fenster.

II

Neben seiner Stube im ersten Stock liegt ein zweites Zimmer. Vor der verschlossenen Tür hängt ein handgelenkstarkes Seil, dessen Ende ein dicker Knoten bildet, aus dem die Fransen wie Quasten in einem weichen, offenen Büschel fallen. Zu sehen ist Nietzsches Schlaf- und Arbeitszimmer nur während bestimmter Öffnungszeiten des Hauses und bietet dann bei offener Tür jenseits der Absperrung einen Blick in die Stube, die im matten Licht der Holztäfelung einer handkolorierten Fotografie gleicht. Das schmale Holzbett in der Ecke der Stube steht unter der leichten Last einer mächtigen Bettdecke, und ein biedermeierliches Sofa mit abgetragener schwarz-grüner Polsterung, aus deren farblos-gemaserter Tiefe rot-weisse Blumenblüten in gebundenen Sträussen wachsen, begrenzt an der Längsseite des Bettes die gegenüberliegende Ecke des Zimmers. Zwischen Bett und Sofa steht ein kleiner Tisch mit dünnen kegelförmigen Beinen, dessen Tischdecke von einer schweren Glasplatte vollflächig geschützt wird. Das schwarze Tuch der Decke ist durch zwei lindgrüne Bänder horizontal gegliedert, die eine rautenartige Webstruktur zeigen und bis zum umlaufenden schmalen Saumband führen, aus dessen blassblauen, weissen, grün-roten Streifen sich schwarze Webfäden lösen. Das Glas liegt auf der Tischdecke des Philosophen. Die Decke ist von einer Bäuerin nach Nietzsches Vorstellungen und Wünschen eigens angefertigt worden. An heimischen Trachtenstoffen orientiert, schimmern die Seidenfäden im einst festlichen Glanz. In welken Farben ruht das trockene Tuch wie eine gepresste Blüte zwischen Tischplatte und Glas. Leichtes, bleiches

Schwarz, durchscheinendes Grün, früher bedeckt von zahllos beschriebenen Seiten. Eine Petrollampe aus schwerem Messing steht auf dem Glas. Statt des Dochtes spendet eine Glühbirne in einem neu eingesetzten Gewinde künstliches Licht, das auf der Decke gläsern reflektiert. Auf der harten, durchsichtigen Fläche scheint seine Brille zu schweben. Neben ihr liegen wie auf der glatt gefrorenen Oberfläche eines bodenlosen Gewässers zehn Bleistifte der Härtegrade 2, 4, 6 und 8, sechs porzellane Aquarellsteine und weisser Karton als weiche Unterlage für das Aquarellpapier im Format 15 × 22 cm. Daneben zwei Gläser mit Wasser und schwarze Acryltusche aus Brasilien.

III

Über dem Dach des Oberengadins vereinen sich Piz Lagrev und Piz Polaschin weiträumig zu einem halben Rund und halten in einem steinernen Horst das Wasser ihres Gletschers im Lej da la Tscheppa auf 2600 m. In der Hochebene von Sils gibt keine Ahnung das Geheimnis dieses Sees preis, denn der 800 m steil aufstrebende Sockel des Lunghin-Lagrev-Gebietes hütet das kleine Tscheppa-Reservoir, das sich im Schutz des Sattels unterhalb der Gipfel bettet. Der Aufstieg zum See führt durch ein schmales Band von Lärchen und Arven, man gewinnt schnell Abstand vom Tal und dem langgestreckten hellen Spiegel des Silvaplaner Sees. Aus dem bemoosten Lärchenboden führt der Steig aus kühlem Halbschatten und taubeladenen Spinnennetzen mit ihren aufgereiht funkelnden Spiegelketten in den steilen schattenlosen Anstieg des Massivs und verliert sich in den Rhythmen der gemarkten Steine. Den Blick geneigt, misst das Auge nur die Schrittlänge im Rhythmus des Atems und sucht den festen Tritt im Fels. Die Muskel spannen sich, der erste Schritt bestimmt die Höhe der Stufen, hält das Gewicht auf der Fläche des Felses oder federt auf dem kantigen Grat und den Spitzen der Steine für einen kurzen Moment, um den Körper über die Neigung nach oben zu schnellen, und wiederholt diese Anstrengung tausendfach verlagert, rechts, links. Einatmen, ausatmen. Dazwischen hebt sich der Blick forschend in die Weite der Berglandschaft, deren steile Hänge bis hoch hinauf zum Sattel die dahinterliegenden Gipfel verdecken. Endlos scheint sich der Pfad zwischen dem Fels zu winden, gewinnt zögernd an Höhe, zieht ihn in den Berg. Die

fraktale Unendlichkeit der Steine schluckt den Körper, löst ihn auf. Die Anstrengung und die Höhe schmerzen. Das Gleichgewicht verliert sich fast unmerklich im kurzen Taumel der schnellen Atmung, pendelt sich ein, hebt sich auf. Der Körper verharrt ungläubig, prüft die Störung, zögert im Stillstand. Eine leichte Unschärfe der Wahrnehmung, kaum spürbares Signal, und die leichte Verschiebung der Konturen sensibilisieren die Erfahrung der Anstrengung als mögliches Scheitern. In der eingetretenen Ruhe reflektiert er die Umkehr. Der Blick sucht die Antwort im Berg, doch er gewahrt sie in der Hast der vorauseilenden Erwartung, in dem Aufruhr der Gefühle. Erst in der Langsamkeit des Neubeginns folgt er ruhig der Weisung des ausgetretenen Pfades mit der Konzentration eines Mannes auf dem Hochseil, der seinem Rhythmus vertrauend seine Energie zentriert. Er überwindet die Anstrengung und den Widerstand des Körpers in der Kontemplation und der Leidenschaft für die Erfüllung seines Vorhabens.
Die gesteigerte Aufmerksamkeit in der Erfahrung seiner Grenzen lehrt ihn die Überwindung als Sublimierung gedanklicher Freiheit und geistiger Stärke. (Petrarca notierte den Sieg der Anstrengung, *labor omnia vincit*, als Ausdruck fortschreitender Erleuchtung in seinem Brief nach der Besteigung des Mont Ventoux.) Die Besteigung des Berges, das baldige Erreichen des Gletschersees erscheinen ihm in der Vorstellung als erlebte Emphase, die Überwindung der Widrigkeiten als mystische Erfahrung, die am Ufer des Lej da la Tscheppa zu poetischer Existenz führen wird, und zugleich die Grundlage tieferen Denkens in der Wahrnehmung

einer metaphysischen Landschaft bildet. Langsam und beständig erklimmt er die Höhe des Hanges, sein Gang wird fest, der Rhythmus der Schritte leicht, die Atmung frei. Ein Gefühl des Glücks durchströmt seinen Körper. Die Zeit der Erwartung weicht der Zeit gegenwärtiger Empfindung. Öfter richtet er jetzt den Blick in die Höhe, weit unter ihm verschwindet das Tal. Die Höhe seines Standortes verbindet den hinter ihm abfallenden Hang mit den schwarzgrün aufsteigenden Wäldern der weit entfernt gegenüberliegenden Berge zu einer einzigen Landschaft. Aufgehoben ist die Welt der Menschen, die Kluft zwischen Berg und Tal, der Boden irdischer Schwere. Nur der Weg vor ihm erinnert an die von Menschen ausgetretene Zeit. Der Weg führt über eine weite steinlose Kuppe. Die dünne, feste Schicht von kurzem Gras zeichnet ein wohltuendes Bild weicher Formen, und der Wind zerrt an den niedrig gewachsenen Pflanzen, die ihre leuchtenden Blüten strahlend über den Boden breiten. Völlig überrascht steht er vor dem See. Die letzte Windung des breiter werdenden Pfades schien am Ende der Kuppe an den Fuss des Gipfels zu führen, vor ihm lag eine kleine Felsengruppe als willkommener Einstieg in steiles Gelände, den See hatte er lange nicht erwartet. Er beginnt keine expressive Handlung, noch erscheint ihm die Gelegenheit willkommen für eine Äusserung. Das Einfangen des Bildes als ästhetischer Akt bleibt ihm fremd. Unfähig zu handeln, notiert er das Unmögliche.

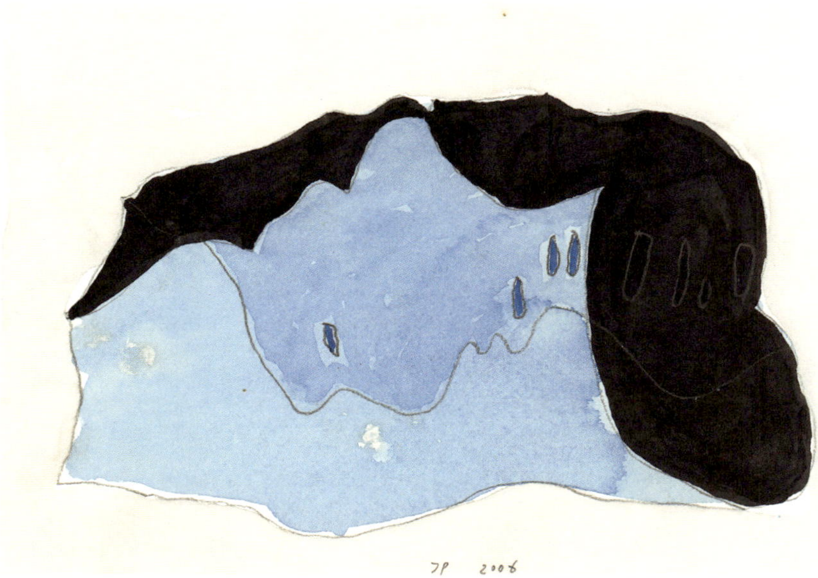

Leij de la Tscheppa, 2616 m
5.7.2006

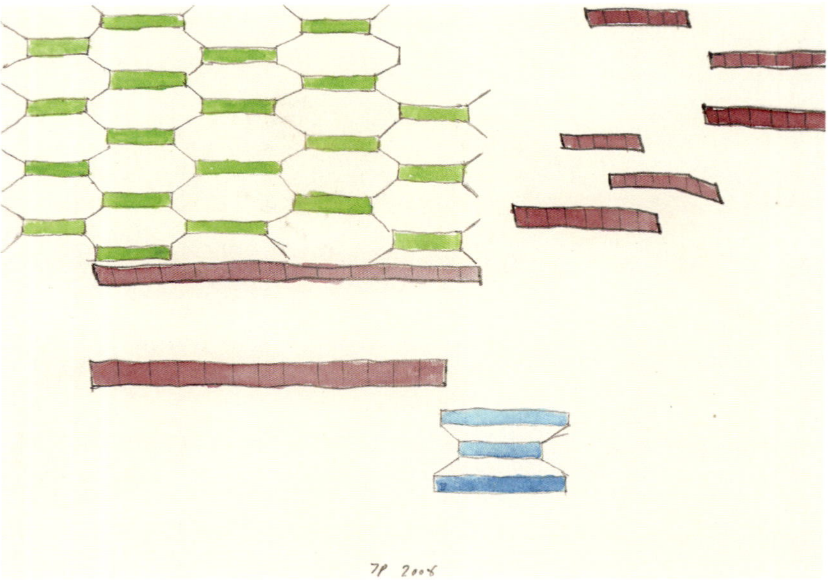

Sils-Maria, Nietzsche-Haus
7.7.2006

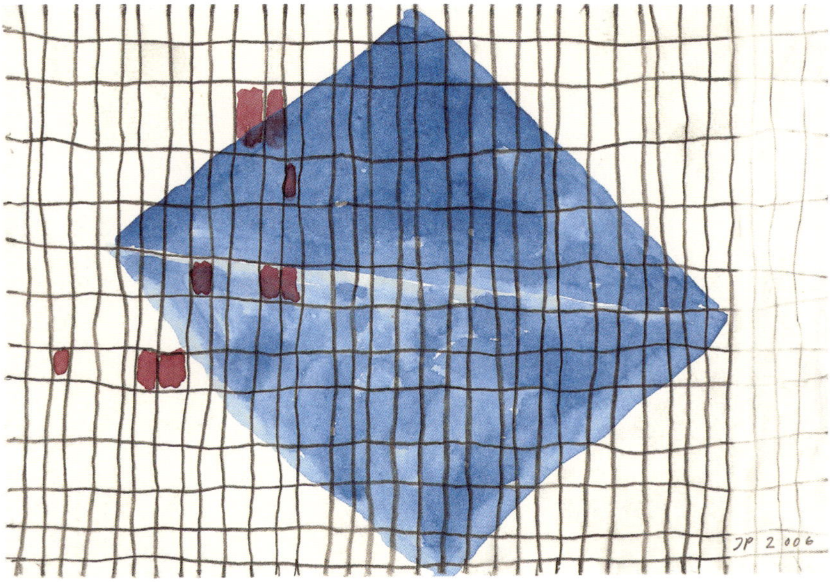

Sils-Maria, Nietzsche-Haus, Julier
7.7.2006

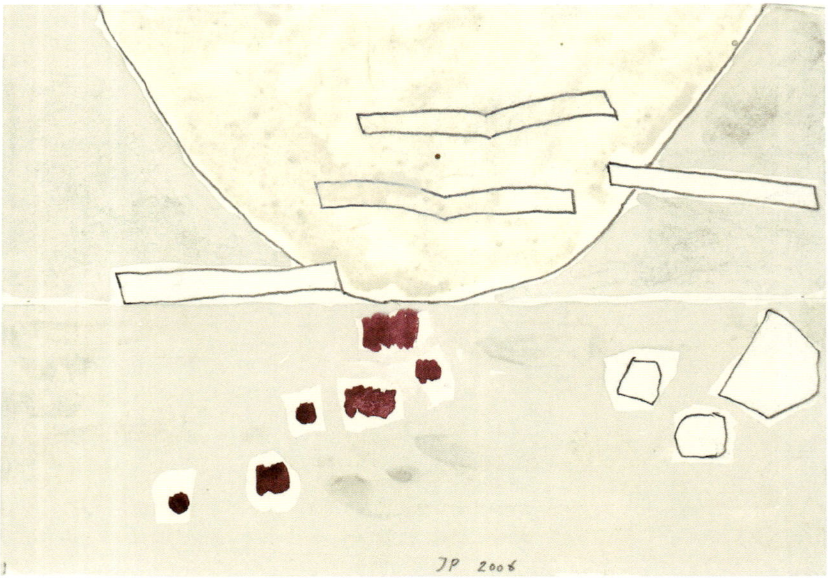

Julier, Val Fex, Albula, Alp d'Es-cha, 2600 m
6./8./10.7.2006

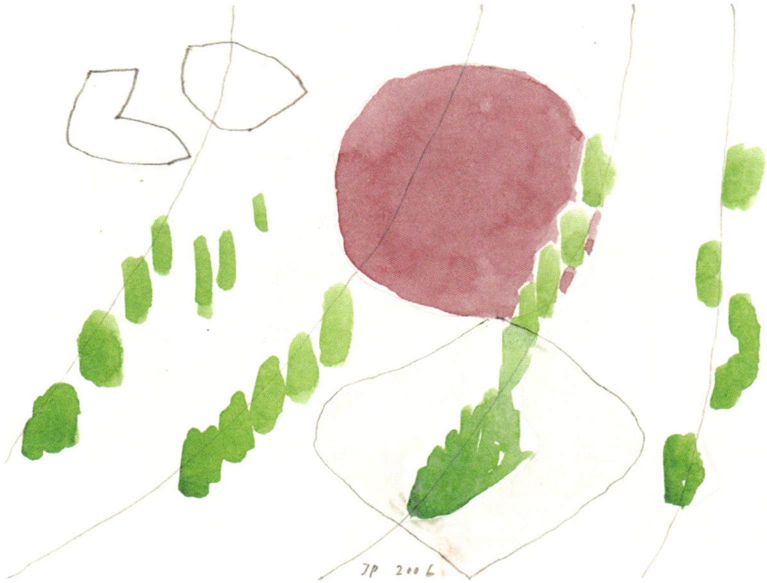

Sils-Maria, Val Fex
7./8.7.2006

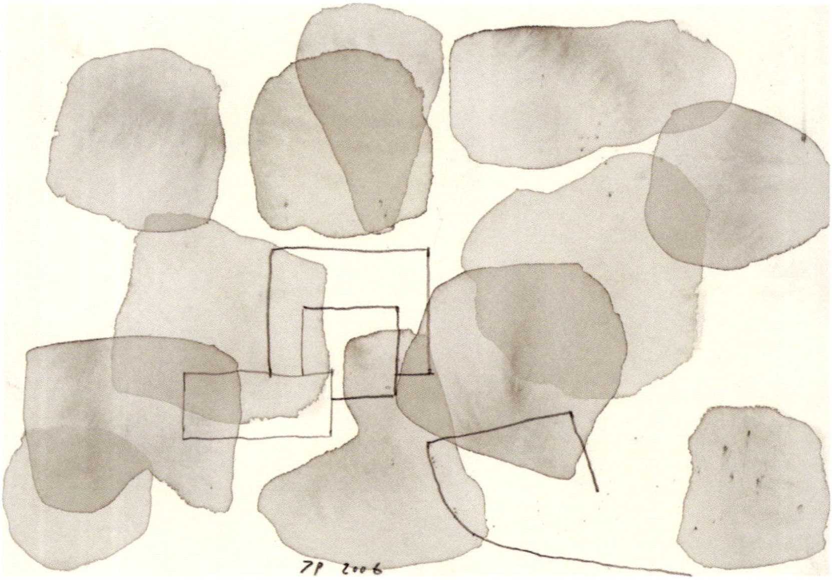

Sils-Maria, Fex Tal
8.7.2006

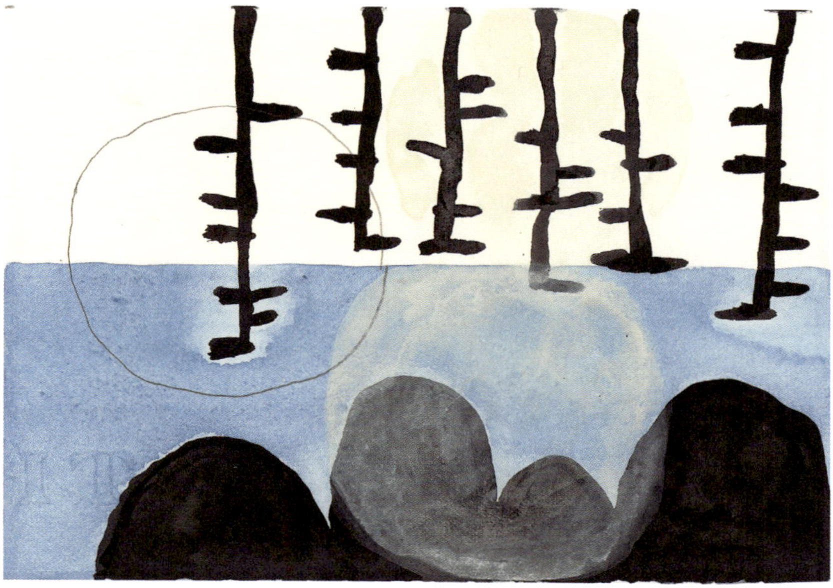

Reforzate, Sils-Maria
6.7.2006

VON DER ENTSTEHUNG EINER FUGE MIT KADENZEN

BLOCH Wir haben uns im Frühjahr 2005 anlässlich Ihrer Ausstellung in der Kunsthalle Karlsruhe kennengelernt und uns spontan auch über Ihr Interesse für Nietzsches Künstlertum unterhalten. Wir sprachen über den schwierigen Umgang mit Nietzsches Pathos und dessen Begründung, aber auch über die hohe Qualität seiner lyrischen Versuche, subjektive und objektive Raum- und Zeitwahrnehmungen in perspektivistischen Wortinszenierungen rhythmisch zu gestalten, wobei ich Sie – bei allen Unterschieden – auf vergleichbare Ausdrucksformen in Ihren eigenen Werken hinwies. Sie selbst sind ein sehr differenzierter bildender Künstler. An Ihren Bildern mag ich die Zwischentöne, die verhaltenen Anspielungen, die rätselhafte Inbeziehungssetzung von Räumen und Erscheinungen. Es ist bekannt, dass Sie mit hoher Sensibilität auf Stimmungen und Wirklichkeitsphänomene reagieren und mit intuitiver Darstellungskraft Ihre Erfahrungen in zeichenhaften Form- und Farbkonstellationen bildhaft umsetzen, mit einem hohen Mass an Abstraktionsvermögen und gestalterischer Fantasie. Ihr Werk hat stark mediale sowie reflektive Züge. Oft scheint es, als ob die jeweiligen Raum-Zeit-Bezüge Ihren Zeichenstift führen, in behutsam-überlegter Haltung bei allem Evokationsverlangen. Bei Nietzsche gibt es diese Töne auch: in den Briefen und in den Gedichten; oft begegnet man indes dem Pathetiker, der seine persönlichen Befindlichkeiten mit aller Deutlichkeit zu formulieren versteht, nicht nur die Umwelt, sondern auch seine eigenen Reaktionen darauf kritisch beobachtet, seine Empfindungen und Gedanken sodann in höhere Bezüge setzt, um sie in ihrer Relativität von aussen her zu betrachten und in ihrer

Verbindlichkeit zu beurteilen. Nietzsche geht es wie Ihnen um Wahrnehmung; in seinen Unterscheidungsversuchen schärft er sein Bewusstsein im Dichterischen und Philosophischen. Und dieses vermag er objektivierend zu fassen, unter der gleichzeitigen Wahrung des subjektiven Standorts. Als bildender Künstler spielen Sie auf einem ganz anderen Instrumentarium als Nietzsche, arbeiten mit anderen Darstellungsmitteln und anderen Ausdrucksformen, die man aber möglicherweise – in ihren Unterschieden und ihren Affinitäten – miteinander vergleichen kann. Dies hat mich veranlasst, Sie einzuladen, für einige Zeit im Nietzsche-Haus zu wohnen, um dessen geistige und materielle Wirklichkeiten auf sich wirken zu lassen. Wie reagieren Sie als Künstler auf Nietzsches Werk, auf seine Sprachmächtigkeit und seine literarischen und philosophischen Gedanken, hier in diesen einfachen Räumen und in dieser – wie er selber sagte – geradezu «metaphysischen Landschaft»?
PARTENHEIMER Es sind die Begriffe «Pathos», «Klarheit» und «Identität», die mich im Umfeld Nietzsches interessieren. Nietzsches Werk kann man als zeitgenössischer Künstler nicht gleichgültig gegenüberstehen. Es ist herausfordernd, sich mit seinem Werk zu beschäftigen, gerade weil ein immenses Pathos seine Inhaltlichkeit transportiert. Aber ausgerechnet dieses Pathos ist es nun, das mich im Nietzsche-Haus in seiner ganzen Ambivalenz überwältigt hat: in seiner Vitalität und Kraft, aber auch mit seinem fiebernden Verzweifeltsein, voller Desillusion und Einsamkeit.
B Nietzsche hat sich nach Sils-Maria zurückgezogen – alles zurücklassend und seine Professorentätigkeit aufgebend –, um hier allein seiner Kunst zu leben. Er lechzte nach sich selbst, wie er sagte, seine ganze Existenz seinem Werk unterordnend, auf der Suche nach der sogenannten Wahrheit, wissend, dass es sie nur auf der subjektiven Ebene gibt. Er suchte nach mög-

lichen Leitplanken, um diesen Weg nicht nur zu suchen und zu finden, sondern auch gleichzeitig darzustellen. Es ging ihm nicht nur um das «WAS», sondern auch um das «WIE», nicht allein um das «Tun», sondern ebenfalls um das «WARUM», d.h. um das Darüber-Nachdenken auf der Schwundstufe des betroffenen Ich. Daraus entstand sein Pathos verunsicherter Sicherheit.

P Dieses Pathos setzt immense Kräfte frei, denen man sich nicht leicht preisgibt. Wer selbst kein «pathetisches Moment» in sich trägt, kann mit solchen Energien schwer umgehen, denn das Pathos einer starken Identität ist unnachgiebig und klar.

B Sie sind ja in Ihrem Nietzsche-Verständnis kein unbeschriebenes Blatt, sondern bringen Ihre persönlichen Voraussetzungen und eigenen Interessen mit. Inwiefern werden Sie hier als Künstler von den räumlichen und zeitlichen Dimensionen angesprochen?

P Es gibt eine bestimmte Form von Seelenverwandtschaft, die mich mit dem Werk Nietzsches immer wieder, ohne bestimmten Rekurs, in Verbindung gebracht hat. Insofern gibt es eine Voraussetzung, die im eigenen Arbeiten angelegt ist und die sich zu dem Genius Loci von Sils doppelt energisch verhält. Es ist ein schwer zu beschreibendes Gefühl. Man betritt Räume, die man erkennt, selber aber vorerst nicht besetzen kann. Dann tritt man in Nietzsches Arbeits- und Schlafzimmer. Ich setze mich an den Tisch mit Nietzsches selbst entworfener Tischdecke, auf der er arbeitete, und überlasse mich diesen Eindrücken. Das geschieht nicht im Sinne einer inhaltlichen Annäherung, eher mit dem Versuch einer vergleichbaren Konzentration. Es ist eine Art Selbstvergewisserung in der Auseinandersetzung mit einer mir fremden Energie. Ich muss gestehen, dass ich darauf nicht vorbereitet war. Dieser Ansatz der Arbeit führte zu einer Bildsprache, die mich überraschte. Es entstand eine

Folge von Bildern, die ich Ihnen als Entwürfe zeige und deren Intensität mich erstaunt. Die Begegnung wurde zu einer Art Experiment, dem ich mich – auf Ihre Anregung hin – aussetzte und das sich nun anhand der entstandenen Blätter dokumentiert.

B Ist es Ihnen möglich, die Art Ihrer persönlichen Erfahrungen etwas genauer auszuführen, in der Darstellung der eigenen Voraussetzungen, aber auch der Reaktionen bei Ihren Umsetzungsversuchen?

P Meine Arbeit stellt sich im Nicht-Gegenständlichen dar; Empfindungen bekommen einen rhythmischen Ausdruck, der eine Inhaltlichkeit hat, die nicht beschreibt, sondern aus dem Denken abstrakt formuliert. Ich komme nach Sils-Maria, begebe mich in einen Kontext, der durch Nietzsche sehr stark energetisch geladen ist; dazu kommt die Umgebung, das Gebirge; wiederum eine Konkretheit von enormem Volumen. Ich beginne mich von dem Haus (und dem Nietzsche-Zimmer) zu entfernen, gehe ins Gebirge und kehre zum Haus zurück. An diesen zwei konkreten Erfahrungen orientiert sich meine Bildwelt, an der Wirklichkeit, im Sinne einer Überlagerung, am Innen und Aussen. Sie enthält einen Symbolismus, der sich mit «Pathos» und «Kraft» beschäftigt und eine ganz bestimmte Form einer in sich nicht gegenständlichen Ausstrahlung in die Zeichnungen trägt. Auf Ihre Empfehlung bin ich, morgens früh, hinauf zum Tscheppa-See gestiegen. Wie «aufgeladen» kam ich da oben an, und hier sehen Sie die ersten vier Blätter, die am Tscheppa-See entstanden, etwas, was ich – im Sinne von Pleinair-Malerei – vorher nie gemacht habe. Vier Blätter, die sich mit dem Kontext «See» auseinandersetzen, mit dem, was ich sehe und erfahre; mit dem, was die Gewaltigkeit der Kulisse in mir auslöst, die ich in absoluter Schwerelosigkeit und Erhabenheit auflöse. Bei den beiden ersten Blättern spiegelt sich alles in den abstrakt angedeuteten Konturen des

Sees: das Gebirge, das wie eine Folie aus dem Hintergrund, gleichsam als Schattenwurf, hervortritt. Auf dem dritten gibt es eine doppelte Spiegelung, indem sich zweimal bei einer Windstille das Gebirge in den See projiziert. Und diese Projektionen wandeln sich in Wellenlinien, die einen abstrakten Rhythmus haben.

B Wahrnehmen, was man sieht in traumhafter Fremdheit und Unmittelbarkeit; sich selbst als Sehenden reflektieren und im Gesehenen Form geben.

P Am Anfang steht die Empfindung eines Naturerlebnisses, das sich beim Umsetzen völlig reduziert. Was mich faszinierte, war, dass sich die Wahrnehmung der Natur mit einem ähnlichen Pathos wie bei Nietzsche neu definiert. Indem ich mich der natürlichen, qualitativen Farbigkeit entziehe, unterwerfe ich sie einer subjektiven Skala der Empfindung.

B Der Blick des Malers ist oft gleichzeitig nach oben und unten gerichtet.

P Das immense Volumen, von dem ich sprach, löst sich auf, ich erfahre es als Spiegelung, gewissermassen als flächigen Schleier; die Schneeflecken werden als blaue Kraftfelder interpretiert, die sich anderswo wiederholen.

B Der Rhythmus hält in seiner verhalten-stillen Mehrschichtigkeit sozusagen seinen Atem an, wodurch sich alles zu einer eigenartig irisierenden Präsenz verdichtet.

P Ich muss gestehen, die unglaubliche Direktheit dieses Einstiegs mit den ersten vier Blättern war überraschend. Die Gewalttätigkeit der Natur scheint nur in der flächigen Spiegelung auf, wird dadurch fassbar, erträglich und darstellbar. Das war der erste Schritt zum Thema «Aussenwelt». In einer zweiten Phase setzte ich mich mit dem «Arbeitszimmer Nietzsches» auseinander. Pathos hat mit Unmittelbarkeit und der Aufhebung von Distanz zu tun. Diese Haltung hat Nietzsche gestattet,

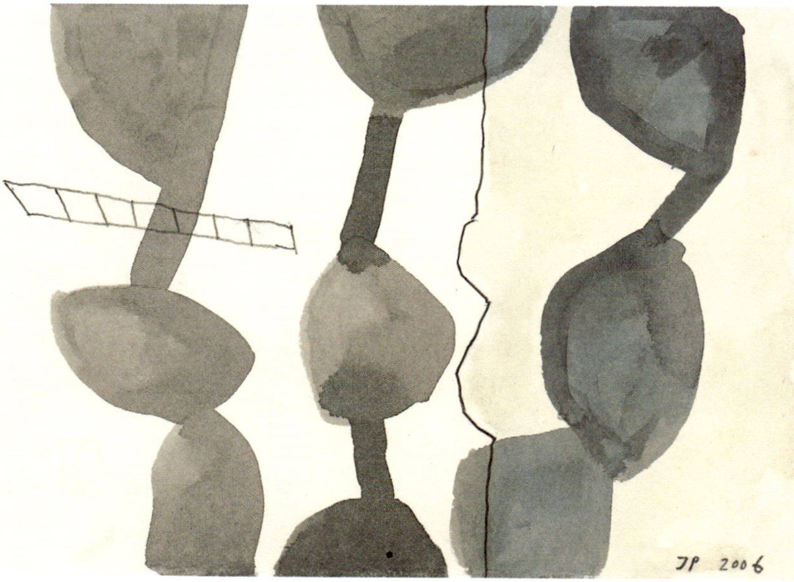

Reforzate, Sils-Maria, Julier
6.7.2006

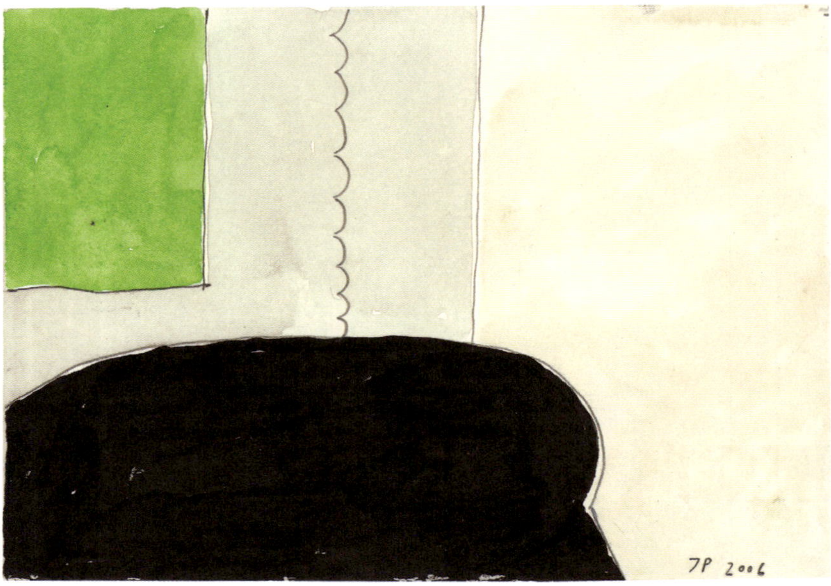

Sils-Maria, Nietzsche-Haus
7.7.2006

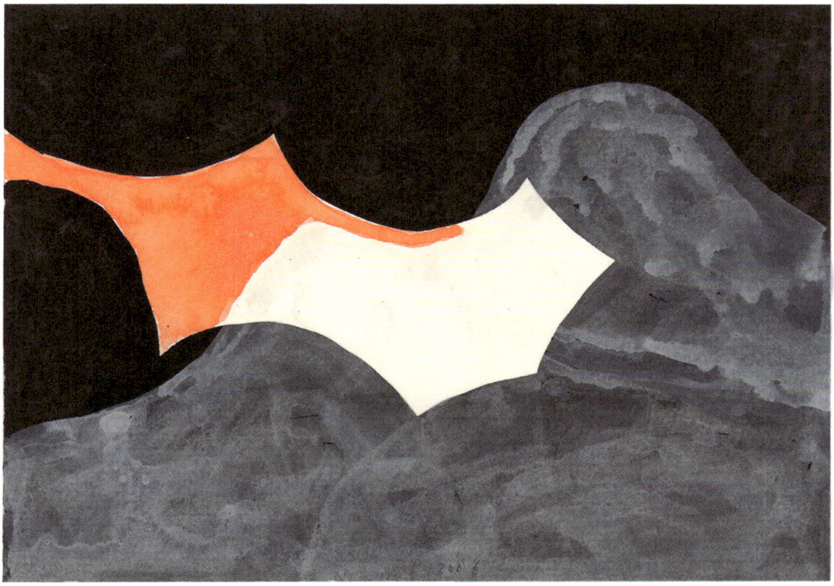

Sils-Maria, Nietzsche-Haus, Albula, Alp d'Es-cha, 2600 m
7./10.7.2006

Grenzen, auch Tabus, zu überschreiten. Ich fragte mich, welche Kräfte an diesem Ort wirksam werden, wenn ich mich meiner eigenen Arbeit zuwende. Wie enttabuisiert sich eine Komposition – beginnend mit dem Symbol des Kreises (gefasst in der Fläche einer Kugel), mit der Leidenschaftlichkeit des Rots, dann aber auch mit dem Schattenwurf, der sich in den Raum legt, mit merkwürdig fliegenden Formen und wiederum einer Art Horizont, in der Form einer Erhebung? Die Räumlichkeit entfaltet sich von innen, ohne eigentliche Organisation. Dasselbe gilt für das Gitterwerk, das den Raum besetzt, indem es ihn verschränkt, undurchlässig macht, wodurch so etwas wie eine Vorstellung von Zwischenräumlichkeit entsteht: «Raum zwischen den Dingen». Mehrere Ebenen werden plötzlich zwischen den Dingen selbstständig; es entsteht eine Rhythmisierung, die sich aus der Mitte auf die Ränder zubewegt wie eine musikalische Kadenz.

B Mich interessiert dieses Suchen nach der reinen Form in der Kugel, im Kreis, im Dreieck, dann aber auch die Spannung, die aus der Auflösung des Ganzen in Teile entsteht. Gerhard Richters Experiment «vom Chaos zur reinen Form» gipfelte in der Gestalt der reinen Kugel, in welcher sich die Raumdimensionen des Nietzsche-Zimmers in nuce weltkugelhaft verspiegelten. Reine Formen gibt es im Grunde ja in der Natur kaum, sie wirken wie Kunstgebilde höchster Abstraktion, in deren Anlage gewissermassen alle anderen Formen als Abwandlungen enthalten oder mitgedacht sind.

P Es handelt sich dabei um eine Art bildhaftes Palimpsest, an dem sich die Wahrnehmung orientiert vor dem Hintergrund der Vorstellung von Vollendung. Die Fragilität der Sehnsucht wird durch die Realität immer wieder in eine andere Relation gebracht und gebrochen, positiv wie negativ. «Höchste Identität zeigt sich im Scheitern», schrieb Adorno. An den ersten naturnahen vier Blättern zeigt sich der Prozess, wie sich durch Abstraktionsfähigkeit eine Formensprache finden lässt, die uns in eine Welt der Vorstellung führt, indem sie sich von der Dingwelt löst. Ist das nicht auch das, was Nietzsche in seinen Texten versuchte?

B Es entsteht bei ihm – wie auch in Ihren zeichenhaften Konfigurationen – eine Vorstellung von Tonhaftigkeit, als ob sich das Formale auf ein Medium von Klängen übertrage, in einem Universum von Beziehungen, Spannungen, lebendiger Vergegenwärtigung…

P Ich habe von Rhythmisierung gesprochen, von Suggestivkraft, der man sich kaum entziehen kann, von einem Pathos stark verinnerlichter Art. Die Blätter sind formal alle aufeinander bezogen, wirken leicht verschoben, weisen in ihrer Intention auf die Ränder – nicht auf das Zentrum – hin. In der dritten Gruppe entsteht eine Art Überblendung von innen und aussen. Es ergibt sich, dass ich im Freien beginne und im Nietzsche-Haus die Arbeit beende oder im Zimmer beginne und die Blätter mit nach draussen trage. Eine eigenständig abstrakte Formsprache vermischt sich mit Aspekten einer freien, inspirierten Aufnahme der Gebirgsnatur, z.B. im direkten Blick auf die gegenüberliegende Wand von meinem Zimmer aus mit den Gesteinen, die sich nach oben verjüngen und mit den eingebetteten Waldzonen einen eindringlichen Rhythmus ergeben.

B Sie sind wie Akkorde, die nach oben zeigen.

P Richtig, und es kommen kurze Kadenzen dazwischen. In Wirklichkeit sind es Lawinenbarrieren, die in der Zeichnung als Elemente wirken, von denen behutsame Gegenimpulse ausgehen. Das Blatt ist ursprünglich ganz in meinem Zimmer entstanden, später habe ich es auf den Albulapass mitgenommen. Ich dachte an den Brief von Boris Pasternak und seinen

Wunsch, die Stätte von Nietzsches Arbeit am «Zarathustra» in Sils-Maria zu besuchen, um an diesem «fiebernden, wirksamvollen Alleinsein» teilzuhaben in der Fülle schöpferischer Verzweiflung. Ich begann eine neue Zeichnung in Schwarz, liess einen mir fremdartigen Freiraum offen, der sich im Gebirge wie von selbst schloss. Ein weiteres Blatt ist im Nietzsche-Zimmer entstanden: die Skizze der sich verschiebenden, nicht harmonischen Kugel. Das nächste wurde im Nietzsche-Zimmer begonnen und im Val Fex beendet; ein weiteres auf dem Julier angefangen, im Val Fex weitergeführt und auf dem Albulapass schliesslich zu Ende gebracht. Im Val Fex wanderte ich bis zum Gletscher, wo sich plötzlich die Welt wie eine Gletscherzunge in das Tal legt, und am Julier und Albulapass zieht sich die Welt ganz auf die Farbigkeit der Natur zurück. Es gibt mehrere Aquarelle, die fast keine Farben mehr zeigen, aber in den unbunten Farben der Weiss- und Grautöne und einem einzigen Blatt in dunklem Rotviolett eine enorme Kraft entwickeln.

B Gewisse Grundelemente wiederholen sich wie Gedankenfetzen, die sich gegenseitig sowohl bedingen als auch aufheben; der Antithetik Nietzsches vergleichbar, wo sich die einzelnen Positionen wie elektrisch aufladen, um sich in einem spannungsvollen Hin und Her wieder aufzulösen. Verschiedene Raumelemente und Koordinaten verspiegeln sich ineinander, öffnen sich aufeinander und verschliessen sich gegeneinander, verlagern sich über- und untereinander in unterschiedlichen Farbtönen.

P Durch die Steigerung der Gegensätze bis zu deren paradoxer Vereinigung in Raum und Zeit entsteht – auch malerisch im Raum zwischen den Dingen – ein neues Sehverhalten. Es geht um das Aufdecken innerer, rhythmischer Gesetzlichkeiten und um Empfindung. Nehmen Sie zum Beispiel die aus der

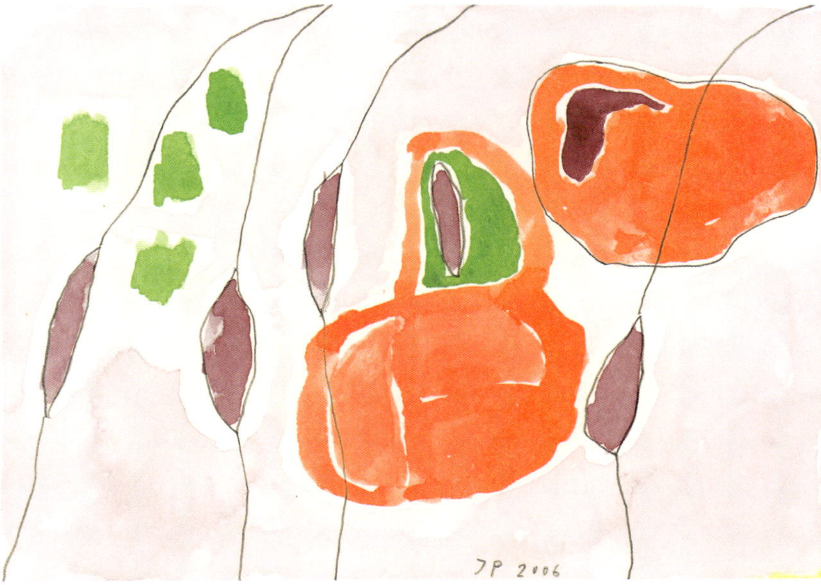

Sils-Maria, Nietzsche-Haus
11.7.2006

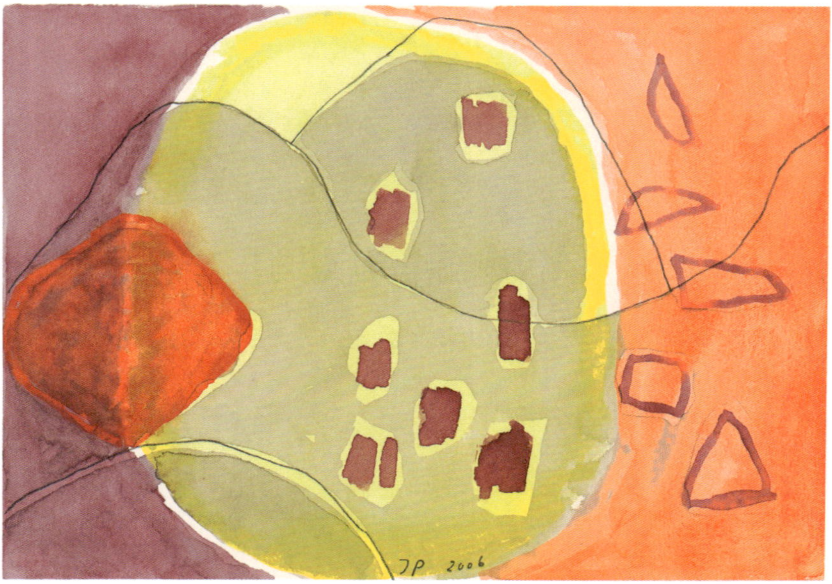

Sils-Maria, Nietzsche-Haus
11.7.2006

Erinnerung gezeichneten Strukturen von Nietzsches Tischdecke, deren durchlässige Wiederholungen sich im Grunde einer Beschreibung entziehen, die aber in einer unausweichlichen Weise das Thema des Pathos aufnehmen.

B Denken Sie daran, mit welcher Konsequenz Nietzsche seine Wörter, seine Sätze, seine Abschnitte, sodann seine Kapitel in ein ganzes Buch hinein konzipiert hat, in einer architektonischen Meisterleistung des Zusammenfügens der einzelnen Teile – Gegensätzlichkeiten und Entsprechungen –, die sich vorerst virtuell in einzelnen Entwürfen und immer absoluter werdenden Notaten abzeichnen und schliesslich in der definitiven Verarbeitung zu einem Ganzen zusammenfügen, im Sog einer immer dichter werdenden, geradezu rauschhaften Gedankenspirale wissenden Erkennens.

P In solchen gedanklichen Verdichtungen beginnt Nietzsche in Bildern zu sprechen, in denen sich körperliche Anschaulichkeit und intellektuelle Klarheit vereinen – das Undarstellbare im bildhaft-konkreten Gleichnis zu überwinden, im bewussten Weglassen alles Nebensächlich-Akzidentellen. So habe ich versucht, mich mit meiner Arbeit auf 24 Blätter zu konzentrieren, in der Beschränkung auf einige Grundkonstellationen. Wenn man diese Werke in ihren zeitgerechten Ablauf bringt, entsteht aus den einzelnen Erfahrungsperspektiven der Notationen ein ganzheitlicher Bildkomplex.

B Wenn wir an die musikalischen Gestaltungsprinzipien Bachs oder auch an die späteren dramaturgischen Darstellungsprinzipien Brechts oder Dürrenmatts denken, so drängt sich für die von Ihnen so anschaulich beschriebenen künstlerischen Erfahrungen wie von selbst der Begriff der FUGE auf, eines genau konzipierten künstlerischen Gesamtablaufs, mit darin befindlichen einzelnen Kadenzen, in denen sich die Grundakkorde kontrapunktisch widerspiegeln.

P Tatsächlich kommen die letzten zwei Blätter zum Ausgangspunkt zurück, schliessen kompositorisch den Kreis, formal und inhaltlich. Die «Fuge» scheint mir ein guter Überbegriff zu sein. Ich habe versucht darzustellen, was mir der innere Blick im Raum zwischen den Dingen eröffnete. Hinzu kommt die Stellung der einzelnen Blätter im Gesamtablauf; es gibt Verweise, Anklänge, Wiederholungen, auch Leerstellen und Variationen, die im Einzelblatt autonom wirken, im Kontext aber eine zunehmende Dichte bewirken.

B Auch bei Nietzsche gibt es Variationen, Mittexte, die in sich wiederholerisch oder überschüssig erscheinen, im Grunde aber auf anderer Ebene und mit anderer Verweisfunktion den Gesamttext verquerend oder ergänzend verdichten. Seine Schaffensprozesse sind höchst ambivalent; die einzelnen Texte wirken an sich absolut und relativ, verständlich und rätselhaft zugleich. – In vergleichbarer Gleichzeitigkeit erscheinen auch Ihre Arbeiten sowohl einfach als auch komplex, anschaulich wie auch abstrakt, in geheimnisvoller Explizität. Wie kamen Sie selbst zu dieser strengen Konzeption? Haben Sie diese bewusst angestrebt oder hat sie sich wie von selbst ergeben?

P Der Versuch der Arbeit vor der Natur war für mich neu. Ich setzte mich der Landschaft und mir vorher unbekannten Innenräumen aus und habe mich dabei meiner vergewissert. Ich erfahre mich gewissermassen als Subjekt und Objekt eigener Beobachtung. Wenn ich eines der entstandenen Aquarelle isoliere, ist es für sich selbst existent und bewahrt in seiner Autonomie eine eigene, rätselhafte Kraft. Sie haben für diese Werkgruppe den Begriff der Fuge eingeführt, wodurch einzelnen Arbeiten im Gesamtkontext bestimmte kompositorische Qualitäten zugeordnet werden, die auf ihre Entstehung und die besondere Beschaffenheit des Ortes hinweisen. In der Auseinandersetzung mit Nietzsche *und* dem Gebirge habe ich meine eigenen Voraussetzungen und Erfahrungen überprüft. Ein Wagnis mit einem von mir ursprünglich keineswegs geplanten Ergebnis.

B Sie werden nun die gesamte Serie dokumentieren, mit Angabe der Umstände von Zeit und Ort, der Nummerierung, auch der dabei entstandenen eigenen Aufzeichnungen. Sie können damit für sich den Standort ihrer jeweiligen Bewusstseinslage darstellen, im Bewusstsein, dass sie damit nur die jeweilig äusseren Umstände des Entstehens der einzelnen Blätter festhalten, im Wissen, dass es unter anderen Voraussetzungen durchaus auch zu anderen Perspektiven und anderen Darstellungsdimensionen hätte kommen können. Mit Ihrer Signatur schliessen Sie den Arbeitsprozess ab und geben damit den Schlüssel zum Verständnis und zur Kritik in andere Hände. Es scheint, als ob man aus einer langen Versenkung im Dialog mit seiner Arbeit erwache und sein Schweigen nun wie ein Versprechen breche.

P Vieles ist in unserem Gespräch angedeutet, anderes ist nicht zur Sprache gekommen. In dem Gespräch mit Ihnen haben sich viele Spiegelungsmöglichkeiten ergeben, die in der Wechselbeziehung zwischen Nietzsches Klause und den eindrucksvollen Weiten des Oberengadins meine eigene Handschrift erspüren.

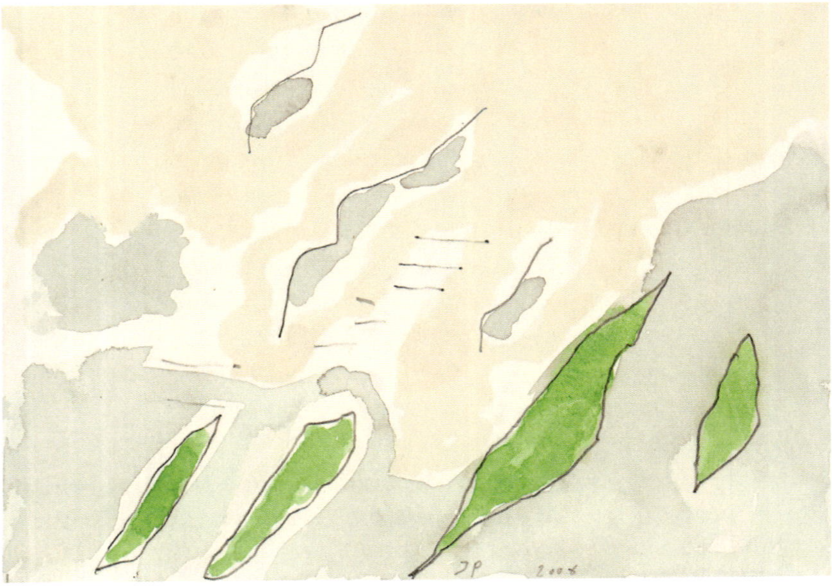

Sils-Maria, Nietzsche-Haus
7.7.2006

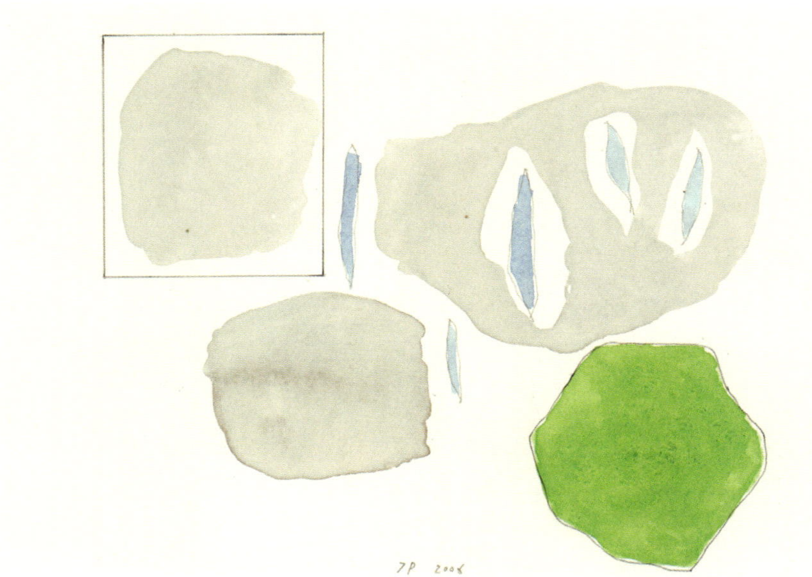

Sils-Maria, Nietzsche-Haus
7.7.2006

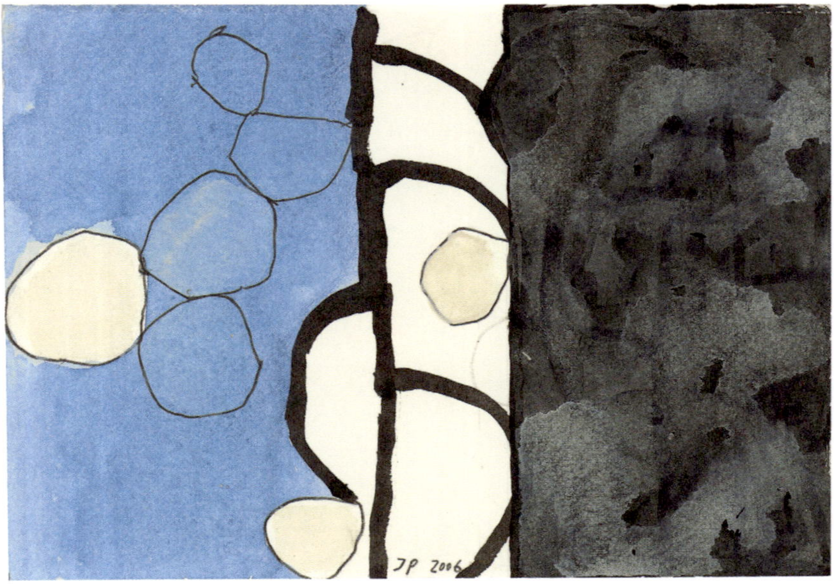

Reforzate, Sils-Maria
6.7.2006

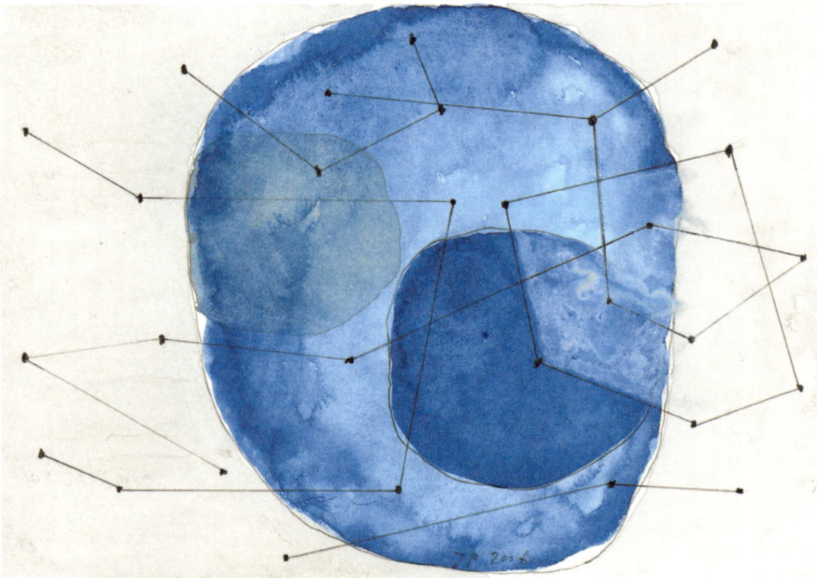

Sils-Maria, Val Fex, Sils-Maria, Albula, Alp d'Es-cha, 2600 m
7./8./10.7.2006

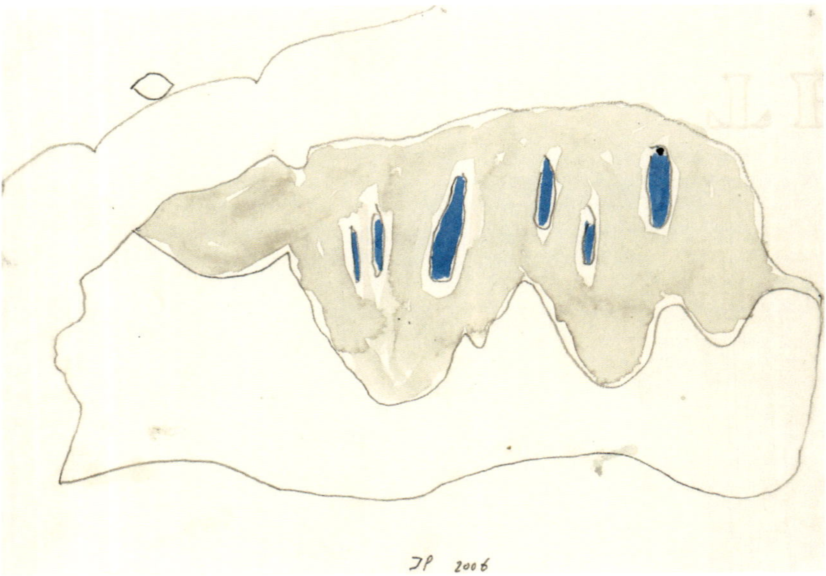

Leij de la Tscheppa, 2616 m
5.7.2006

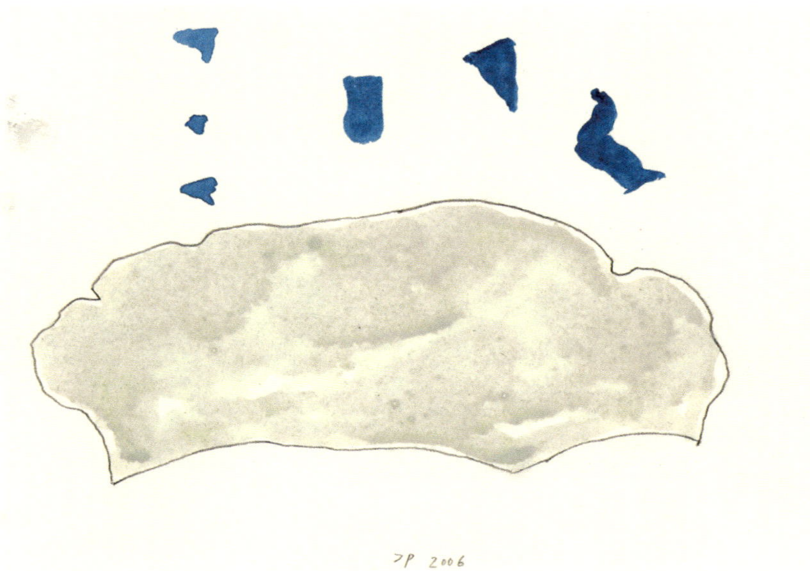

Leij de la Tscheppa, 2616 m
5.7.2006

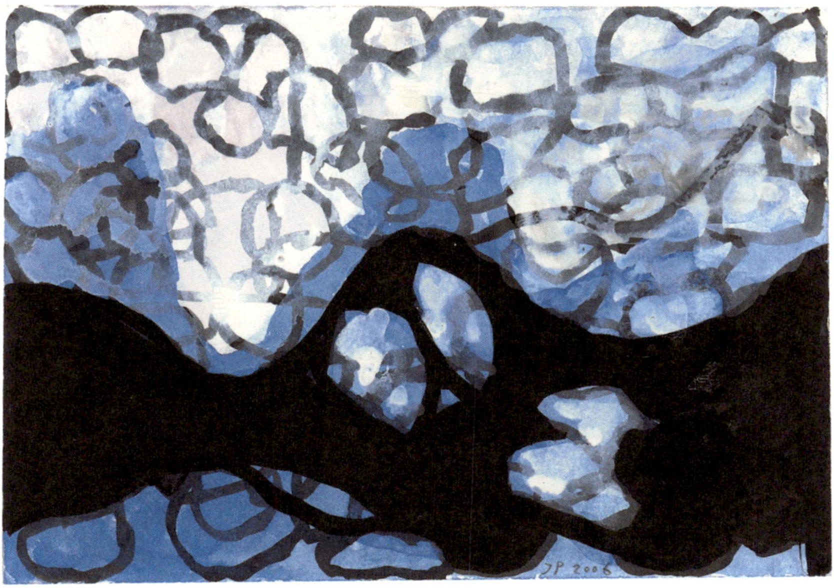

Sils-Maria, Nietzsche-Haus, Albula, Alp d'Es-cha, 2600 m
7./10.7.2006

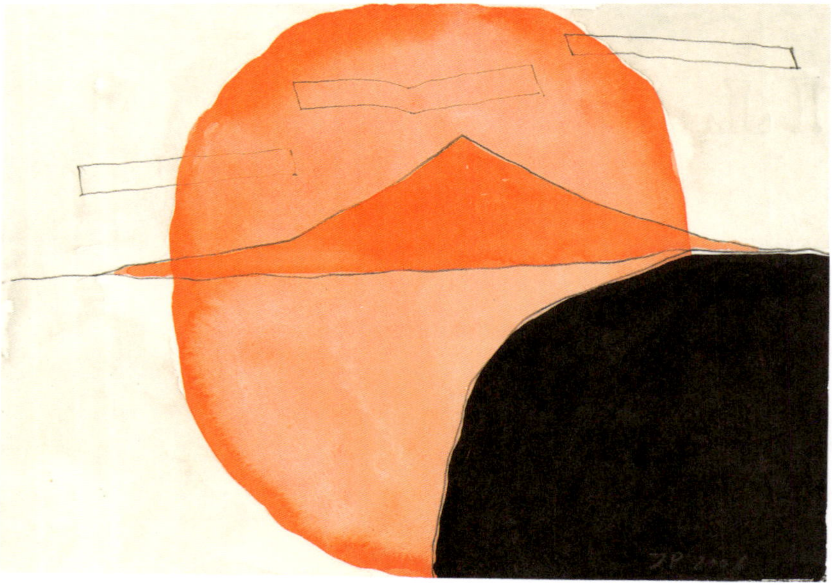

Sils-Maria, Julier, Nietzsche Haus
7.7.2006

METAPHYSICAL LANDSCAPE

Bruno Glatt

We forget that we can never be
what we have never done.
Fernando Pessoa

In my eyes, however, the greatest wonder
of all is that I succeeded in making a start.
V.S. Naipaul

I

The room stands in the semi-darkness cast by the low, barely head-high wooden ceiling, evoking memories and imaginings of the plain, rugged houses of mountain peasants, with broad stone pine floorboards, the fragrance of larch, furniture made of soft pine and spruce, stained dark, waxed honey-yellow or bleached white with curd soap. The windows of the room are small, their mullions and transoms hold back the gaze. The daylight glares in the distance, gets caught in the fine mesh of the woven curtains like a swarm of silvery fish. The broad, heavy, wooden bed leaves a narrow passageway to the washing niche on the left and to another window on the right and, at its foot, a small, rectangular space that allows a wooden table and chair. He draws them up to one of the two windows.

II

Next to his bedroom on the landing is another room. Hanging across its closed door is a wrist-thick rope knotted at its fraying end into a tufty tassel. Nietzsche's study is open to view only at certain times. Then, when the door is open, the view of the room across the rope barrier, in the matte gleam of the wooden panelling, has the appearance of a hand-coloured photograph. The narrow wooden bed in the corner of the room bears the light load of a huge eiderdown, while opposite the long side of the bed a Biedermeier sofa, with threadbare upholstery of a blackish green, from the dullest, darkest depths of which red and white flowers burst forth, fills the other side of the room. Standing between the bed and the sofa is a small table with thin, tapering legs and a tablecloth entirely covered with a sheet of heavy plate glass. The black fabric of the tablecloth is divided horizontally by two lime-green, lozenge-woven ribbons running all the way to the surrounding narrow hem of pale blue, white and greenish red stripes, from which black weft and warp threads have begun to fray. It is the philosopher's own tablecloth, which was made by a peasant woman especially to Nietzsche's own design. Inspired by traditional costumes, its silken fabric once shone in festive splendour. Today it stays pressed like a withered flower between the glass and the tabletop. Light, faded black, translucent green, at one time covered with sheets upon sheets of manuscripts. A heavy brass oil lamp stands on the glass. Instead of a wick, an electric lightbulb in a newly fitted socket gives off an artificial light that reflects glassily on the tablecloth. His spectacles seem to hover over the hard, transparent surface. Lying next to them, like objects on the smoothly frozen surface of a bottomless lake, are ten pencils of hardnesses 2, 4, 6 and 8 B, six ceramic watercolour pans, and a sheet of white board as a soft supporting surface for the 6 × 9 inch watercolour paper. Two jars filled with water, and black acrylic tusche from Brazil complete the ensemble.

III

High above the roof of the Upper Engadine, Piz Lagrev and Piz Polaschin unite to form a vast hollow that holds the water of their glacier in a bedrock horst, the Lej da la Tscheppa, at an altitude of 2600 metres. There is nothing down on the plateau of Sils that betrays its presence, for the steep, 800-metre-high base of the Lunghin-Lagrev region completely conceals this tiny lake safely cradled just below the mountain peaks. The hike up to the lake takes him through a narrow belt of larches and Swiss stone pines, quickly leaving the valley and the bright stretch of water of Silvaplana Lake far below. The mossy mountain path, half shaded by the trees, the filtered sunlight mirrored in sparkling chains of dew-laden spiderswebs, soon gives way to the steep, shadeless ascent of the massif, losing itself in the rhythm of the marked

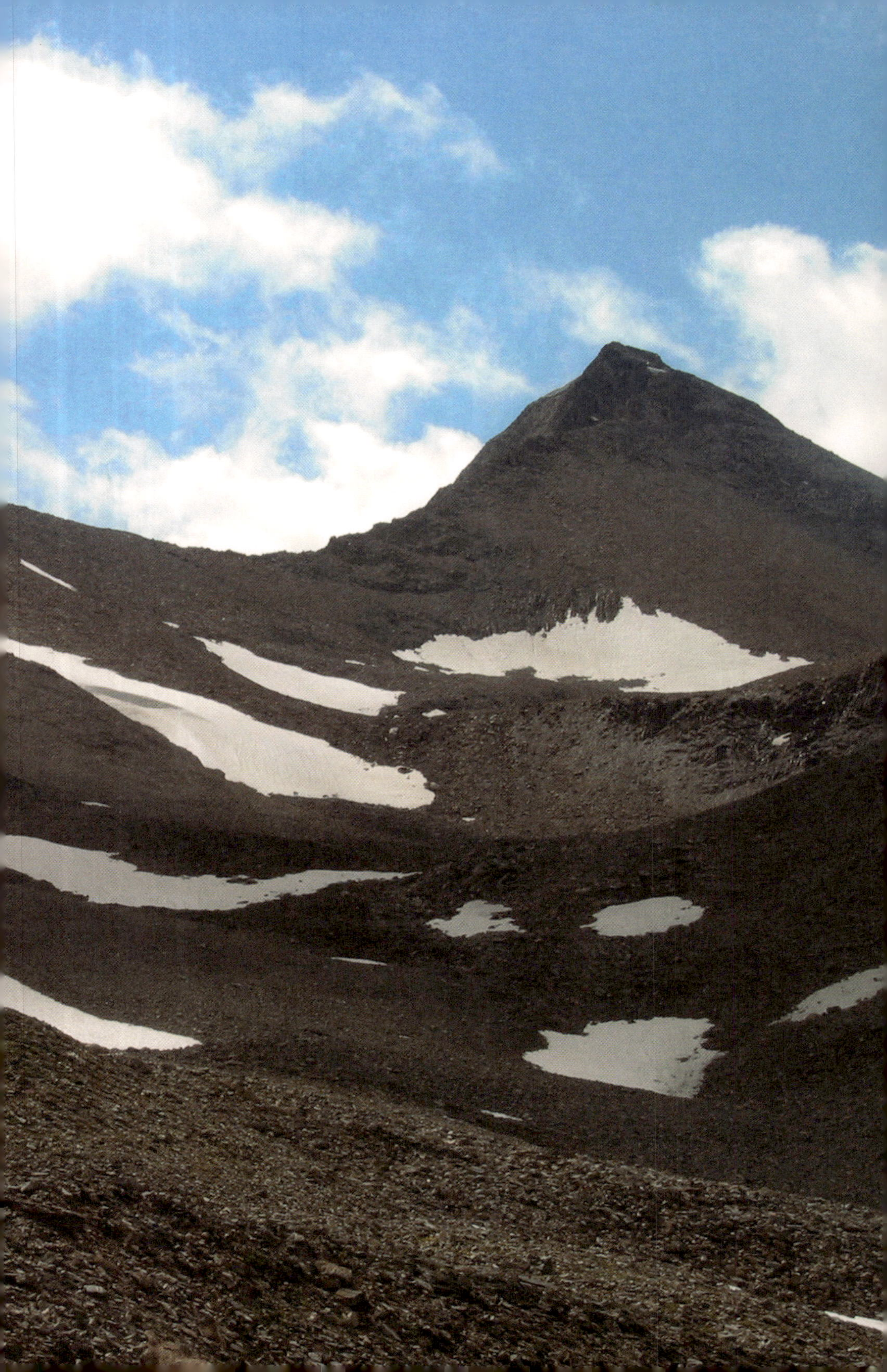

stones. Gazing downwards, his eye now meters the length of his steps in pace with his breathing, seeking a firm foothold in the rock as it does so. His muscles tense, his forward foot determining the height of the step to be taken, holding his weight for but a brief moment on the firm surface of the rock or on the sharply edged and pointed stones, just long enough to lean his body forward and lift it beyond its centre of gravity, and then the effort is repeated, shifted from right to left a thousand times over. Left, right. Breathe in, breathe out. From time to time his gaze lifts and explores the vastness of the mountain landscape, the steep slopes of which rise high up to the saddle, hiding from view the peaks that lie behind it. The path seems to wind endlessly between the rocks, hesitantly gaining in altitude, gradually drawing him up into the mountain. The fractal infinity of the rocks engulfs his body, dissolves it. Both the effort and the altitude are painful. His balance is lost, almost imperceptibly, in the giddiness of his rapid breathing, finds itself again, holds itself. His body stops for a moment in disbelief, checks the trouble, hesitates to move on. A slight blurring of perception, a barely noticeable signal, and the slight shift in contours makes him sensitive to the likelihood that this effortful experience might be doomed to failure. In the moment of tranquillity that now ensues he contemplates turning back. Whilst his gaze seeks the answer in the mountain, it comes to him not from there but from his anticipatory haste, from the turmoil of his feelings. Slowly starting afresh, he calmly follows the trodden path with the concentration of a man on a tightrope, trusting his own rhythm and focusing his energy into the task ahead. Only through contemplation and his passionate desire to achieve his goal can he summon up the effort needed to overcome the resistance of his body. His now keener awareness of his limits brings with it the recognition that perseverance is possible only through the sublimation of rationality and mental strength. Was it not Petrarch who, in his letter written after climbing Mont Ventoux, described victory through effort — labor omnia vincit — as an expression of progressive enlightenment? Now, in his mind, he sees the climbing of the mountain, the reaching of the glacial lake, as an emphatic experience, and the overcoming of adversities as a mystical experience that, once he has reached the shore of the Lej da la Tscheppa, will at once transport him into a state of poetical existence and inspire more profound thought in his perception of a metaphysical landscape. Slowly but surely he climbs up the mountainside, his steps becoming firm and deliberate, their rhythm light, his breathing free. His whole body seems to fill with bliss. The anticipation of what will be yields to the sensation of what now is. His gaze moves upward more and more often. The valley disappears far below. From the altitude now reached, the steep slope below him merges with the blackish-green belts of the rising forests of the faraway mountains opposite to form a single landscape. Gone the world of people, the gulf between mountain and valley, the realm of earthly gravity. Only the path ahead reminds him of man-trodden time. It takes him across the top of a vast, stoneless, rounded peak. The thin, firm layer of short grass traces a pleasing composition of soft shapes, while the wind tugs at the low-lying plants that happily spread their bright flowers over the ground. To his complete astonishment, the lake suddenly lies before him. The last bend of the ever-widening path had seemed to lead across the top to the foot of the summit, where a small group of rocks afforded a welcome start to the steep ascent onward. In no way had he expected to reach the lake so soon. No act of expression ensues, nor does the opportunity for such an act seem welcome. The aesthetic act of capturing the image remains strange to him. And so, incapable of acting, he notes the impossible.

ON THE COMPOSING OF A FUGUE WITH CADENCES

SILS-MARIA

BLOCH When we first met at your exhibition at the Kunsthalle in Karlsruhe, we talked quite spontaneously about your interest in Nietzsche's artistic genius, about the difficulty of coming to terms both with Nietzsche's pathos and with his reasons behind it. But we also talked about his highly successful attempts at rhythmizing subjective and objective perceptions of space and time in perspectivistic mises en scène of the spoken and written word. It was in this regard—despite all the many differences—that I drew attention to comparable forms of expression in your own works. You yourself are a visual artist known for your subtlety of differentiation. What I like about your works are their nuances, their restrained allusions, their enigmatic interrelating of space and phenomenon. As is well known, you react with extreme sensitivity to moods and to the phenomena of reality, and with your intuitive powers of depiction you are able to visualize your experiences in emblematic constellations of form and colour, and with a high degree of abstraction and creative imagination. Your work manifests strong mediumistic and reflective traits. One often has the impression that your pencil is guided by the actually prevailing spatiotemporality, proceeding with extreme caution and carefully contemplating every act of evocation. We also find these qualities in Nietzsche, in his letters and in his poems. But we often encounter the emotionalist, the man who knows how to formulate his own mental and physical state with the utmost clarity, the man who critically observes not only the world around him but also his own reactions to it, the man who heightens his thoughts and feelings in order to view them from the outside, to observe them in their relativity and judge them in their bindingness. Like you, Nietzsche is concerned with perception. His endeavours to this end enable him to sharpen his poetical and philosophical awareness. And this he is able to do objectively while maintaining his subjective standpoint. As a visual artist, you yourself play a different instrument than Nietzsche, for you work with means of depiction and forms of expression that are completely different, and yet it may be possible to draw comparisons between them as regards their differences and affinities. It was this idea that prompted me to invite you to reside for a time in the Nietzsche-Haus and let its spiritual and material reality act upon you. How do you as a visual artist react to Nietzsche's oeuvre, to his greatness of language, his literary and philosophical thoughts, here in these plain and simple rooms and in this—as he himself described it—altogether "metaphysical landscape"?

PARTENHEIMER It is such notions as "pathos", "clarity" and "identity" that interest me in Nietzsche's world. As a contemporary artist, I consider an indifferent approach to Nietzsche's oeuvre to be out of the question. Indeed, his oeuvre is a challenge, not least because its entire substance is borne by an immense pathos. But it is this pathos of all things that now overwhelms me in the Nietzsche-Haus in its entire ambivalence: in its strength and vitality on the one hand, and in its feverish despair, full of disillusionment and solitude, on the other.

B Nietzsche retreated to Sils-Maria—leaving everything behind and resigning his professorial chair—in order to devote himself entirely to his art. He was longing for himself, as he put it, subordinating his entire existence to his work, searching for so-called truth, but knowing that it existed only on a subjective level. He sought possible guidelines that would help him not only to seek and find his way to this truth but also to represent it at the same time. He was not concerned just with WHAT, but also with HOW, not just with doing, but also with WHY, that is to say, with reflection upon it at the vanishing point of the affected ego. From this Nietzsche developed his pathos of unsure sureness.

P It is this pathos that releases enormous energy, energy to which one does not readily care to be exposed. Anyone who does not have an element of pathos residing within his own self will be hard put to match such energy, for the pathos of a strong identity is unequivocal and uncompromising.

B You are by no means an unknown entity where your understanding of Nietzsche is concerned. Indeed, you have brought your own capabilities and interests with you. To what extent do you as an artist feel affected by the spatiotemporal dimensions that prevail here?

P It is a kind of congeniality that I feel again and again towards Nietzsche's oeuvre, but without reference to anything in particular. In this regard there is something in my own work that is doubly energized by the genius loci of Sils. It is a feeling that is very difficult to describe. You enter the rooms, you recognize them, but they are not yours to occupy, not immediately. And then you enter Nietzsche's study and bedroom. Sitting at the table where Nietzsche himself used to work, the table covered with the tablecloth Nietzsche himself designed, you let your impressions sink in – not in the sense of coming closer thematically but rather in the sense of attempting a comparable degree of concentration. It is a kind of self-reassurance in the face of a strange energy. I must confess that I wasn't prepared for it. The pictorial language that evolved from this approach was surprising. I am making a series of watercolours – the sketches for which I am now showing you – of an intensity that simply astonishes me. It was a confrontation that became a kind of experiment, an experiment to which – at your suggestion – I willingly subjected myself, and which the watercolours now document.

B Would it be possible for you to describe your personal experiences more exactly, perhaps with reference to your own expectations and to your reactions as you tried to realize them?

P My work is abstract in the nonrepresentational sense. Feelings acquire a rhythmical expression, an expression that has a content that is not descriptive but is purely abstract, formulated purely by the mind. Arriving in Sils-Maria, I found myself in a context highly energized by Nietzsche and, moreover, in surroundings – the mountains – of enormous magnitude. I then began to distance myself from the house, and from Nietzsche's room, hiking up into the mountains and then back down to the house again. It was around these two concrete experiences – the one indoors, the other outdoors – that my world of images, my reality, now revolved. Its symbolism is concerned with "pathos" and "strength" and radiates a quite peculiar aura of abstraction. At your suggestion I hiked up to Lake Tscheppa early in the morning, arriving at the lake fully "charged", as it were, and here you see the first four watercolours I did on the lakeside, "en plein air" – that's something I've never done before. Four watercolours concerned with the context of the "Lake", with what I see and experience in it, with the feelings the mightiness of the backdrop triggers within me, dissolved into absolute weightlessness and sublimity. In the first two watercolours everything is reflected in the abstractly suggested contours of the lake: the mountains that stand out against the background like a cast shadow. The third wate colour has a double reflection – in a moment of calm, the mountains are twice mirrored in the lake, metamorphosing intoundulating, abstractly rhythmized lines.

B Perceiving what you see in dreamlike strangeness and immediacy; reflecting upon yourself as the seer and giving shape to the seen.

P It began with an emotional experience of nature which was then radically reduced in form. What fascinated me was the fact that my perception of nature had redefined itself with a pathos similar to Nietzsche's. Without its natural qualities of colour, nature is subjected to my own subjective scale of emotions.

B The eye of the painter often looks upward and downward at one and the same time.

P The enormous magnitude of the mountains I just mentioned completely dissolves. I experience it as a reflection, a kind of flat and expansive veil. The areas of snow are interpreted as blue fields of energy that repeat themselves elsewhere.

B The rhythm holds its breath, as it were, in its restrained, multilayered tranquillity, condensing everything into a strangely iridescent presence.

P I must confess that I was amazed at the incredible immediacy achieved with these first four watercolours. The mightiness of nature appears just in the flat reflection – graspable, endurable and depictable. That was the first phase of my work: the theme of the "outside world". In the second phase I concerned myself with "Nietzsche's study". Pathos has to do with immediacy and the abolition of distance. It enabled Nietzsche to transcend limits, even taboos. I wondered what forces would come into play once I began my own work. How does a composition free itself from taboos – beginning with the symbol of the circle (set in the surface of a sphere), with the passionateness of red, and with the shadow that casts itself in space, with strange flying forms, and then with a kind of horizon in the shape of a rise in the ground? Spatiality develops from within, without any actual organization. The same goes for the lattice structure that contains the space, makes it impermeable, awakening a sense of interspatiality: space between the things. Several levels now suddenly become active, independently of each other; a rhythmizing process takes place, beginning in the middle and moving out towards the edges, like a musical cadence.

B What interests me in particular is this search for pure form in the sphere, in the circle, in the triangle, and then also the tension that results from the dissolution of the whole into parts. Gerhard Richter's experiment *From Chaos to Pure Form* culminated in the pure form of the sphere in which the spatial dimensions of Nietzsche's study were mirrored – in the proverbial nutshell – like a globe. Of course, pure forms hardly ever occur in nature, but rather forms that look like artistic compositions of the highest abstraction, with all other deviating forms stored or programmed in their genetic codes, as it were.

P It's a kind of pictorial palimpsest on which perception orientates itself against the background of imagined perfection. Confronted with reality, the fragility of longing is brought again and again into a different contextual relationship and is shattered, both positively and negatively. "The highest level of identity," says Adorno, "manifests itself in failure". The first four watercolours done in closeness to nature exemplify the process by which the ability to abstract can produce a language of form that can transport us into a world of the imagination completely separate from the world of things. Is that not what Nietzsche sought to do in his writings, too?

B What is conveyed by his writings – as by your symbolic configurations – is a sense of tonality. It is as though form has been translated into a medium of sounds, in a world of associations, tensions, living imaginations...

P I've already mentioned the rhythmizing process, the forces of suggestion that one can hardly resist, the pathos of the highly internalized kind. The watercolours all relate to one another formally, with slight shifts in perspective, and move in their intentions outwards to their edges, not inwards to their centres. In the third phase there is a kind of dissolving of indoors and outdoors. This came about because I would begin a watercolour in the open air and then finish it in the Nietzsche-Haus, or the other way round, beginning indoors and then taking the unfinished watercolours out with me. A fully autonomous abstract language of forms would merge with aspects of a freely inspired reception of the natural mountain scenery – the wall opposite, for instance, which I can see from my window, with its rocks that taper upward and join with the embedded areas of forest to create a forceful visual rhythm.

B Like chords ascending.

P Right, and with short cadences between them. They are in fact avalanche barriers that serve in the watercolour as elements of gentle counterimpulse. I originally did the entire watercolour in my room, but then later I took it along with me up to the Albula Pass. I couldn't help thinking of the letter from Boris Pasternak and his wish to visit the place where Nietzsche worked on his "Zarathustra" in Sils-Maria, to be part of that "feverishly bitter, madly effective and complete solitude" in the fullness of creative despair. I began a new watercolour in black, left a space strangely open, which then seemed to close of its own accord in the mountains. Another watercolour was done in Nietzsche's study: the sketch of the self-shifting, unharmonious sphere. The next one was begun in Nietzsche's study and completed in the Val Fex; a further one was begun on the Julier Pass, continued in the Val Fex and finished on the Albula Pass. In the Val Fex I hiked as far as the glacier – it was as though the world was suddenly sticking out its tongue at the valley while beating a retreat into the colourfulness of nature on the Julier and Albula Pass. There are several watercolours that hardly have any colour at all, but in the non-colours, the white and grey tones, and in one watercolour executed in dark reddish violet, one can sense a gathering of enormous momentum.

B Certain basic elements repeat themselves like thought fragments that at once depend on each other and cancel each other out, comparable with the Nietzschean antithesis in which individual entities seemingly become charged with tension, only to discharge themselves again in a tense to-ing and fro-ing of energies. Various spatial elements and coordinates mirror themselves in one another, open themselves up to one another, close themselves off from one another, overlap and underlap one another in subtly differentiated colours.

P The heightening of the antithesis to the extent of its paradoxical unity in space and time gives rise to a new way of seeing – and in painterly terms, too, in the space between the things. On the one hand it is about finding and revealing inner, rhythmical laws and, on the other, it is about emotion. Take, for example, the structures of Nietzsche's tablecloth drawn from memory, the diaphanous repeats of which basically defy description and yet, in an inevitable way, take up the theme of pathos.

B Just imagine the consistency with which Nietzsche's words, sentences, paragraphs and chapters evolve into a complete book in a masterstroke of architectonic articulation in which the individual parts – both opposites and harmonies – first emerge virtually as separate drafts, become more and more absolute and then, in an ever more ecstatic maelstrom of cognition, are ultimately processed into one integral whole.

P It is in such concentrations of thought that Nietzsche begins to speak in images in which physical and mental clarity unite – to surmount the inexpressible through the use of the visually concrete parable, deliberately leaving out all that is irrelevant and accidental. In my case, I have tried to concentrate on 24 watercolours, limiting myself to just a few basic constellations. If you order these works in the sequence of time in which they were produced, their individual perspectives of experience together form a holistic complex of images.

B The artistic experience you have so vividly described invites comparison with Bach's formal principles of musical composition, or with the dramaturgical principles of Brecht or Dürrenmatt. Indeed, one is readily reminded of a Fugue, a precisely conceived composition with cadences in which the basic themes are developed by imitative counterpoint.

P The two last watercolours do in fact come back to the starting point, closing the compositional circle both in terms of form and in terms of content. The use of the term "fugue" in this context seems very apt. I have tried to depict what my inner eye perceives in the space between the things. Added to this is the part played by the individual watercolours within the sequence as a whole. There are allusions, echoes, and repetitions, as well as blank spaces and variations, all of them seemingly autonomous in each individual work but augmenting density within the context as a whole.

B There are variations in Nietzsche, too. Texts that seem peripheral, texts that in themselves seem repetitive or superfluous but do in fact operate on a different level and with a different referential function, cross-referencing and complementing – and hence intensifying – the entire text. His creative processes are highly ambivalent; the individual texts seem at once absolute and relative, understandable and enigmatic. Your works, too, seem at one and the same time to be simple and complex, graphic and abstract, enigmatically explicit. How did you arrive at this strict dialectic? Did you deliberately seek to achieve it, or did it come of its own accord?

P Working en plein air was something completely new for me. Thus it was that I found myself at the mercy both of the surrounding landscape and of interiors that were hitherto unfamiliar. I was strongly aware of the need to make sure of myself. To a certain extent I experienced myself as the subject and object of my own observation. If I isolate one of the resulting watercolours, it can exist on its own and it is precisely from this autonomy that it derives its own enigmatic strength. You used the term "fugue" to characterize this series of works – in other words, the individual works within the context of the works as a whole are allocated certain compositional qualities that refer to their origins and to the nature or character of the place. In coming to terms with Nietzsche and the mountains I have subjected my own capabilities and experiences to the closest scrutiny. A risky enterprise that resulted in something I had in no way planned originally.

B You will now be documenting the entire series, indicating the circumstances of time and place, numbering them, adding the notes you actually made at the time. In this way you can pinpoint the place of each respective state of consciousness whilst being fully aware that it is only the outward circumstances of the making of the watercolours that you are documenting, and knowing, too, that different conditions would have led to altogether different perspectives and dimensions of visualization. You finally complete the process with your signature, thus placing the key to its understanding and criticism in the hands of others. It is as though one is emerging from a long period of mental absorption and now breaking one's silence like a promise.

P Much has been touched upon in our conversation, while many other things have been left unmentioned. Our conversation drew attention to many possibilities of reflection, which, in the interrelation between Nietzsche's retreat and the impressive vastness of the Upper Engadine, do indeed come very close to sensing my own personal reflections and approach.

PREFACE

Peter André Bloch

The Nietzsche House: a place of retreat into the self

Every year thousands of people from near and far visit the Nietzsche House, where information on the fruitful years that the great writer and philosopher spent in Sils-Maria gives insight into his persona, his oeuvre and his enduring influence. However, the display is designed primarily to show viewers the impressive simplicity and quietude of the place where Nietzsche worked and produced his most important writings. The trustees have made a special effort to preserve the original, poignant atmosphere of the premises and make them accessible to an interested public. Long burdened by the weight of misunderstanding, deliberate misinterpretation of his philosophy, political sectarian interests and ideological prejudice, the extraordinary significance of Nietzsche's works — their provocative complexity and original impact — are now presented here with scholarly expertise and the artistic appreciation that is their due. To achieve this has taken time; acquiring authentic information has been coupled with studies by contemporary artists and thinkers, and that, in turn, has been facilitated by stimulating symposia. The building houses a major collection of Nietzsche editions and portraits of the philosopher, and a large library of secondary literature on his work, as well as more general publications on literature, philosophy, art, politics and the humanities. In addition, there is a substantial collection of Nietzsche autographs and documents. From Marcel Proust and Thomas Mann to Paul Celan and Pablo Neruda, countless photographs of and statements by renowned writers testify to the profound influence that Nietzsche's "metaphysical landscape" has exerted on their own endeavours. Nietzsche was not only a philosopher and a poet but an equally brilliant writer and essayist. This critical, innovative thinker was always testing the latest ideas, often inspired by new modes of thinking and representation. This ranks him among the founders and early exponents of postmodernism and explains his extraordinary influence on contemporary art. Numerous experimental art exhibitions have, in fact, been organised in Nietzsche House, enabling important contemporary artists such as Gerhard Richter and Helmut Federle, to study both Nietzsche's aesthetic and the landscape of the Upper Engadine.

The Power of the Imagination and the Gift of Representation

It is the incendiary potential of mental and artistic freedom, linked with the visionary sensibility of his philosophy of perception, that seminally influenced the identity of many avant-garde practitioners from the turn of the 20th century to the present day. Nietzsche's faith in the unconditional power of his imagination consistently led to him to the very limits of representability. This quest is shared by all those who — like him — are students of the tension between reality and counter reality, between realism and innovation, and who seek the essence behind ostensible truth in all its near unfathomable tension between substance and energy.

Jürgen Partenheimer is well aware of the complexity behind the fascinating pursuit of principles of expression and concepts of reality. Like Nietzsche, he knows that reality is beyond representation; he, too, is interested in both the differences and the kinship that mark the attempt to make this the very substance of his work. The mutual exchange between science and art, as well as the discourse on their representation, has for years been the overriding preoccupation of this artist, writer and researcher. He has dedicated himself above all to questions of disambiguity and multidimensionality as perceived in theory and artistic practice, addressing these concerns in numerous international exhibitions and publications.

Poetic Compositions of Configuration

Being a talented practitioner in two fields makes Partenheimer one of the most interesting contemporary poetic and philosophical artists. His unbridled imagination, aesthetic awareness and sensibility show unmistakable correspondences with the poet Nietzsche: in particular, the medial absolutism with which personal spatial and temporal dimensions are converted, through a process of perception that appears to have many perspectives, into a lyrical counter-reality of their own – absolute and self-contained. The creative moment possesses great immediacy but is also characterised by conscious reflection, which places the experiential, lyrical gesture in an accessible and processually binding context. Such talent for conversion is rare. It calls for profound concentration in remote isolation, since Partenheimer seldom confines himself to one single approach or one single work. As a rule, the boundless urge to achieve holistic perfection and to overcome the failure of representation results in cycles that explore untold facets of the subject matter at hand. The part always contains the whole, giving rise to wondrous mutual exchange between the different segments. This approach can also be found in Nietzsche's cycles of poems, in his more elaborated studies, and in his enraptured, visionary writings. This is the reason he responds to every single statement in his works with an echo-like answer, a complement or even its own contradiction, comparable to variations on a theme, the layering of voices and the use of counterpoint in music. Jürgen Partenheimer's work offers us the same experience; his international exhibitions, so full of contrast and variety, are inexpressibly self-contained wholes buoyed up by his own expressive world.

On the Rise of a Painterly Fugue with Cadences

Jürgen Partenheimer spent the summer of 2006 at Nietzsche House, where he immersed himself in Nietzsche's "field of force". He worked mostly in the Nietzsche room, where he created a unique and compelling sequence of semiotically oriented works of great enigmatic intensity. Motifs, selected from the Nietzsche House or the surrounding landscape, reflect Partenheimer's committed study of Nietzsche's philosophy of perception. The mimetic impulse has been reduced to a few minimalist representational elements, so that the 24 watercolours coalesce into a single and singular composition of breath-taking impact. The artist may well have chosen his context with a view to Nietzsche's aesthetic thinking, for he takes a twofold approach to his own work: his uncompromisingly authentic creative energy interacts with a sovereign appreciation of Nietzsche's oeuvre.

Acknowledgements

We warmly thank Jürgen Partenheimer for his artistic commitment and his "painterly fugue with cadences", a fascinating work created in Nietzsche House. Such compelling consistency of purpose and excellence in working out an artistic experiment in the immediate context of Nietzsche House is yet another distinguished addition to a long series of artistic contributions, including Wolfgang Rihm's compositions, Gerhard Richter's painterly intensification of his own photographs, A.T. Schäfer's "space-time photographs", Martin Schwarz's digital images, Friedrich Dürrenmatt's masterful reworking of his own and others' work and, finally, Durs Grünbein's poetic interpretations of Sils.

I SEE WHAT I DESIRE

Iso Camartin

A young woman went to the artist's studio in the late afternoon and said to him, "Teach me the language of your pictures, because when you draw you speak a different language to me than when you talk to me."

The artist replied, "I couldn't do that even if I wanted to. You have to try to read my drawings like a blind woman learning to read Braille so that she may read the messages that others have written and turn them into the treasures and riches of her own inner life. With your eyes, not your fingers, you have to trace the dots and the lines, the colours and the shapes, probing them every which way, and when you have done so 24 times, without skipping or ignoring a single line, you will have discovered the alphabet and understand the language of my pictures. Here is the key to my studio. I will give it to you for one night. I will come back tomorrow morning and then you will speak to me in the language of my pictures."

The woman was astonished by the offer, yet she accepted it. The artist departed, saying, "You will find something to eat and drink in the fridge; the large couch against the wall over there is a comfortable place to take a rest. Switch the lights on when it gets dark. Pictures speak differently in artificial light than by daylight!" And he was gone.

The young woman felt as if she had been stranded in a place where there was not a soul far and wide with whom to share the joy of being. She had landed in a no-man's-land, a landscape fitted with illegible signs. But she did not falter. She pulled a wheelchair out of the corner and sat down in it so that she could roll herself along the wall of the studio and get a good view of the three rows of eight drawings, each running the length of the wall. What now began was a long evening and a night with little sleep. The moment day had broken she heard the artist entering the studio. "So, what language do my pictures speak?"

"You won't believe it but last night's discovery was that the pictures don't speak your language, but mine! So you'll have to let me tell you what your pictures say. I am not even sure whether you will understand!"

The artist smiled, pulled up a chair, sat down next to the young woman and said, "I would be happy to listen to you."

"Did you know," the woman began, "that people who were born blind cannot really form an idea in their minds of height and distance? They have no referential system for what lies above or below, in front or in back of them in space. If they were suddenly able to see the moon, they would reach out to pull it down out of the sky and closer to themselves.—That is the way I felt about your drawings. I had no spatial feeling for what was in the foreground and what was in the background, for the tangible and for the unattainable. It reminded me of a Chassidic story in which a just and pious Zadik had the ability to summon an angel in the evening to gather up all the brightness of the day, and another angel in the morning to roll up the darkness of the night and carry it away. I invited those two angels to come to your studio last night and help me see what happens in your pictures.

Understanding art is ultimately about the interplay between the visible and the invisible, and if we perceive anything at all, then it is only this third thing that happens in the act of switching between open foreground and covered background, this illumination and elucidation of something else, which is neither visible nor invisible but rather transparent. It seems to me that transparence is actually the secret of making things visible, and if you don't have the eyes to see things shining through, you will see neither surfaces nor backgrounds, neither colours nor shapes; you will only see patches—flat, mundane, nondescript patches, annoyingly bulky and aggressively mute—and otherwise nothing. Transparence is a blossoming of everything that is opaque and gloomy, that is lying about and spreading out, all flat and trivial, into a new referential system of near and far, of touching and detachment. What is illuminating about things first has to be revealed, as if a breathing space for understanding has to emerge before we can even perceive what is around us. If, in the act of seeing, it is not possible to allow pictures to become transparent, they will be nothing but scribbles and daubs.

So you need two angels to roll up the luminosity and put away the darkness, before you can understand the language of pictures! It was not until morning, when it became light again, that I understood what it was all about. Twenty-four times I saw a room open up in which to settle down or—better yet—to settle in. Twenty-four times I moved into this hermitage that was prepared and conceived for me. Sometimes I was inside, sometimes outside in open spaces, sometimes I was ensnared, then stranded again, I felt as if I was freezing and trudging across ice and snow, and, burning up inside, consumed by fire, I conquered steep heights, breathing heavily, then I flew above a landscape, the lake underneath, above me the clouds; once I had to think of all the things I didn't have and I wanted to scream, then I felt the richness, the wealth of nature before my eyes and I wanted to rejoice; once I was a pilgrim, beseeching, begging to be liberated from loneliness, then I was a queen, greeting with both grace and condescension; sometimes I was afraid of men and wanted to hide from them, then I dominated them, so that they were humiliated and shamed; in one picture I was lazing around, in another struggling to survive, here I was hungry, there I was suffering from surfeit, here I was listening to music, there I was ensconced in mute silence, here I was wide awake, there daydreaming and dozing; once I was caught in a net and locked behind bars, then I was gaily clambering over walkways and promenades, from one inviting area to another; I saw knots and felt chains, then I was already growing, up into blueness and brightness; here I was lugging heavy weights, there I was dancing on an illuminated sphere, here I was nothing, infinitesimal under the sway of masses and forces, there I was sole sovereign, self-possessed and vibrantly radiant, quickening and warming everything around me...

You see, it is the self-possession of the liberated ego that is coursing through these pictures. It makes me bold and brash, contemptuous of the gods and superior to the anxious human soul. Even so, some of the pictures throw me back on myself and make me realise how paltry and insignificant I am. Something crude, raw, and insurmountable frightens me in the transparent space of your pictures, as if this world could not have been made and conceived for people. But then a great drawing of breath and a restfulness overcome me as I look, a surrendering of the self, a quiescent, calm compliance with everything that is and how it is, where nothing needs to be changed — there is so much breath there, so much air, so much being free and opening up...

I shall stop. You needn't say anything to me. Your drawings speak my language. Am I right?"

"You are wrong, of course! These drawings are not about you—they cannot be about you because I didn't even know you before yesterday. No, they are about a place, a landscape, a philosopher, a weltanschauung, a sense of being and—if I might be so bold—about me."

"You can keep that all to yourself. But tell everyone who wants to know, that you made these drawings for a young woman, so that she could spend a night close to the pictures, their lines, their planes, their colours. And tell them that the following morning the woman said to you that it was not a punishment and not a disappointment to have spent the night with the drawings and not the artist. Farewell. I can find the way out by myself."

ICH SEHE, WAS ICH BEGEHRE

Iso Camartin

Es kam eine junge Frau am späten Nachmittag zum Künstler in sein Atelier und sagte zu ihm: «Lehren Sie mich die Sprache Ihrer Bilder. Denn wenn Sie zeichnen, sprechen Sie eine andere Sprache zu mir, als wenn Sie mit mir reden.»

Der Künstler entgegnete darauf: «Das kann ich nicht, selbst wenn ich es wollte. Wie eine blinde Frau die Brailleschrift lernt, um Botschaften, die andere verfasst haben, zum möglichen Schatz und Reichtum ihres Inneren zu machen, so müssen Sie versuchen, meine Zeichnungen zu lesen. Nicht mit den Fingern, aber mit den Augen müssen Sie an den Punkten und den Linien, den Farben und den Formen entlangfahren, sie kreuz und quer abtasten, und wenn Sie es vierundzwanzigmal getan haben, ohne eine Zeile zu überspringen und zu missachten, werden Sie das Alphabet erschlossen haben und die Sprache meiner Bilder verstehen. Hier haben Sie den Schlüssel zu meinem Atelier. Ich gebe Ihnen eine ganze Nacht. Morgen früh komme ich zurück und Sie reden dann zu mir in der Sprache meiner Bilder.»

Die Frau war von dem Angebot verblüfft, und sie nahm es an. Der Künstler verabschiedete sich mit den Worten: «Im Kühlschrank finden Sie zu essen und zu trinken, auf der grossen Couch dort an der Wand ruht es sich bequem aus. Drehen Sie die Lichter an, wenn es dunkel wird. Die Bilder reden im künstlichen Licht anders als in der Tageshelle!» Und fort war er.

Der jungen Frau schien es, als habe man sie ausgesetzt an einen Ort, wo sie weit und breit keine Menschenseele fand, um sich ihres Daseins zu erfreuen. Sie war in einem Niemandsland gelandet, einer Landschaft, die mit unlesbaren Zeichen bestückt war. Doch liess sie sich nicht entmutigen. Aus einer Ecke holte sie einen Rollstuhl und setzte sich so, dass sie an der Längswand des Ateliers entlangfahren konnte und drei in Achterreihen angeordnete Streifen von Zeichnungen gut in den Blick bekam. Es begann ein langer Abend und eine Nacht mit wenig Schlaf. Kaum wurde es hell, hörte sie den Künstler auf das Atelier zuschreiten. «Nun also, welche Sprache sprechen meine Bilder?»

«Sie werden es kaum glauben, aber die Entdeckung der Nacht war, dass die Bilder gar nicht Ihre, sondern meine Sprache sprechen! So werden Sie es dulden müssen, dass ich Ihnen jetzt berichte, was Ihre Bilder sagen. Sicher bin ich nicht, ob Sie es überhaupt verstehen werden!»

Der Künstler lächelte, holte sich einen Stuhl, setzte sich neben die junge Frau und sagte: «Ich höre Ihnen gerne zu.»

«Haben Sie gewusst», begann die Frau, «dass blind geborene Menschen keine richtige Vorstellung von Höhe und Entfernung haben? Sie haben kein Bezugssystem für das, was im Raum oben oder unten liegt, vorn oder hinten. Könnten sie auf einmal den Mond sehen, sie würden die Hand ausstrecken, um ihn vom Himmel herunterzuziehen, näher an sich heran. – So ging es mir mit Ihren Zeichnungen. Ich hatte kein räumliches Gefühl für das Vordergründige und das Hintergründige, für das Greifbare und das Unerreichbare. Mir fiel ein, dass in einer chassidischen Erzählung ein gerechter und frommer Zadik die Fähigkeit besass, am Abend einen Engel zu rufen, der die Helligkeit des Tages einsammelte, und am Morgen einen zweiten Engel, der die Dunkelheit der Nacht einrollte und mit sich forttrug. Diese beiden Engel bat ich in der vergangenen Nacht zu mir, und sie kamen in Ihr Atelier und halfen mir zu sehen, was sich in Ihren Bildern abspielt.

Es ist im Begreifen der Kunst letztlich alles nur das Wechselspiel von Sichtbarem und Unsichtbarem, und wenn wir überhaupt etwas wahrnehmen, so ist es nur dieses Dritte, das sich beim Wechsel von offenem Vordergrund und verdecktem Hintergrund ereignet, dieses Einleuchten und Durchleuchten eines anderen, das weder das Sichtbare noch das Unsichtbare, sondern eben das Transparente ist. Transparenz, so scheint es mir, ist das eigentliche Geheimnis des Sichtbarwerdens, und wer für dieses Durchscheinende die Augen nicht hat, sieht weder Oberflächen noch Hintergründe, weder Farben noch Formen, er sieht nur Flecken, platte, banale, nichtssagende Flecken, störend sperrig und aggressiv stumm, und ansonsten sieht er nichts. Transparenz ist ein Aufblühen von allem, was opak und düster herumliegt und sich platt und trivial ausbreitet, zu einem neuen Bezugssystem von Nähe und Ferne, von Berührung und Abstand. Was an den Dingen einleuchtend ist, muss sich erst öffnen, es muss gleichsam der Atemraum für unser Begreifen erst entstehen, damit wir überhaupt wahrnehmen, was uns umgibt. Wenn es nicht gelingt, in einem Sehakt Bilder transparent werden zu lassen, bleiben sie Kritzelei und Kleckserei.

Es braucht eben zwei Engel, die das Leuchtende einrollen und das Dunkle wegräumen, bevor man die Sprache der Bilder versteht! So habe ich erst am Morgen, als es wieder hell wurde, begriffen, worum es hier geht. Ich sah vierundzwanzigmal einen Raum sich öffnen, in welchem ich mich anzusiedeln – oder besser vielleicht – einzusiedeln hatte. Vierundzwanzigmal bezog ich diese Einsiedelei, die nur für mich bereitet und gedacht war. Einmal war ich innen, dann draussen im freien Raum, einmal war ich gefangen, dann wieder ausgesetzt, mir kam es vor, ich friere und ziehe über Eis und Schnee, dann wieder brannte und glühte es in mir, ich stieg in die Höhe, steil und mit schwerem Atem, dann flog ich durch die Landschaft, unter mir der See, über mir die Wolken, einmal musste ich an alles denken, was mir fehlt, und ich wollte schreien, dann spürte ich den Reichtum, die Fülle der Natur vor Augen, und ich wollte jubeln, einmal war ich Pilgerin, bittend, flehend um Befreiung vom Alleinsein, dann war ich Königin, gewährend und herablassend grüssend, einmal fürchtete ich die Männer und wollte mich vor ihnen verbergen, dann beherrschte ich sie, und es konnte dies bis zu ihrer Demütigung und Beschämung gehen, in einem Bild faulenzte ich herum, in einem anderen kämpfte ich mich durch, hier hatte ich Hunger, dort spürte ich Überdruss, hier hörte ich Musik, dort war ich in lautlose Stille eingesponnen, hier war ich hellwach, dort tagträumte und döste ich vor mich hin, einmal war ich im Netz gefangen und in Gittern versperrt, dann stieg ich wieder leicht über Passerellen und Stege, von einer einladenden Fläche zur anderen, ich sah Knoten und spürte Ketten, und schon wuchs ich wieder ins Blaue und ins Helle hinein, hier schleppte ich grosse Gewichte, dort tanzte ich auf einer leuchtenden Kugel, hier war ich ein Nichts, verschwindend klein in der Gewalt der Massen und der Kräfte, dort war nur ich die Herrscherin, vermessen und kraftvoll strahlend und meine ganze Umgebung belebend und wärmend...

Sehen Sie, es ist diese Vermessenheit des befreiten Ich, die durch diese Bilder belebend strömt. Sie macht mich mutig und frech, götterverachtend und unabhängig von ängstlichen Menschenseelen. Und doch werfen mich einige Bilder wieder auf mich selbst zurück und lassen mich meine Armseligkeit und Nichtigkeit spüren. Etwas Grobes, Ungeschlachtes, nicht zu Bewältigendes ängstigt mich im Transparenzraum Ihrer Bilder, so als könnte diese Welt nicht für den Menschen gemacht und gedacht sein. Doch dann ist es wieder ein grosses Atemschöpfen und Ausruhen, das mir im Schauen entgegenströmt, ein Sichanheimgeben, ein ruhiges, besonnenes Sicheinrichten in allem, was ist, wie es ist und auch nicht geändert werden muss – so viel Atem ist da, so viel Luft, so viel Freisein und Öffnung ...

Ich höre auf. Sie brauchen mir nichts zu sagen. Ihre Zeichnungen sprechen meine Sprache. Habe ich recht?»

«Natürlich haben Sie unrecht! In diesen Zeichnungen geht es nicht um Sie – es kann nicht um Sie gehen, denn ich habe Sie ja bis gestern Nachmittag gar nicht gekannt. Nein, es geht um einen Ort, eine Landschaft, einen Philosophen, eine Weltanschauung, ein Daseinsgefühl, und – mit Verlaub – es geht um mich.»

«Das dürfen Sie alles für sich behalten. Erzählen Sie allen, die es wissen wollen, dass Sie diese Zeichnungen für eine junge Frau gemacht haben, damit diese eine Nacht in der Nähe dieser Bilder, dieser Striche, dieser Flächen, dieser Farben verbringe. Und fügen Sie hinzu, dass Ihnen die Frau am Morgen gesagt habe, es sei keine Strafe und keine Enttäuschung gewesen, dass sie die Nacht mit den Zeichnungen und nicht mit dem Künstler verbringen musste. – Leben Sie wohl. Ich finde den Ausgang.»

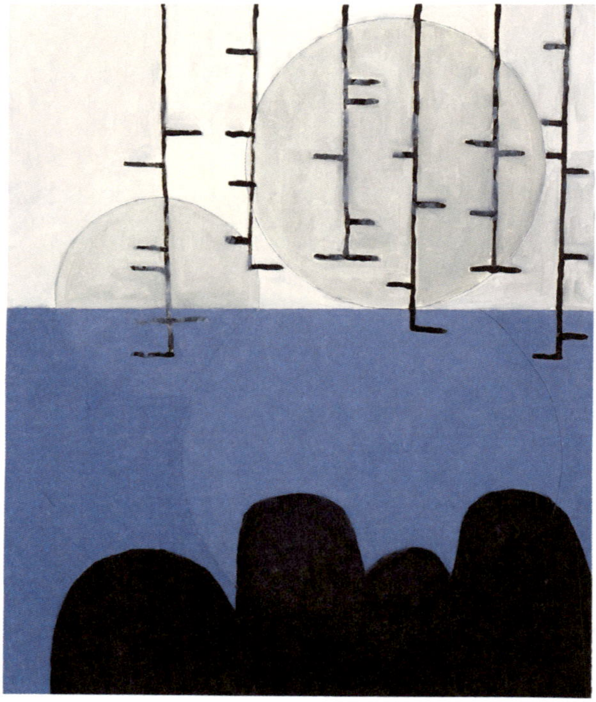

Metaphysischer Realismus [Sils I], 2006
Öl auf Leinwand / Oil on canvas, 96 × 79 cm

JÜRGEN PARTENHEIMER

Geboren 1947 in München. Lebt und arbeitet in der Umgebung von Köln und München.

Seit 1983 Gastprofessuren am San Francisco Art Institute, der University of California at Davis; Staatliche Kunstakademie Düsseldorf; Rijksakademie van Beeldenden Kunsten, Amsterdam; The Royal Academy of Art, Edinburgh.

Teilnahme an der XI Biennale Paris, XVI Biennale von São Paulo, XLII Biennale von Venedig.

Ausführliche Bio-Bibliografie:
– Jürgen Partenheimer, Roma-São Paulo, Staatliche Kunsthalle Karlsruhe, 2006. ISBN 3-937572-53-9
– Jürgen Partenheimer, Suave Locoura – Gentle madness, Pinacoteca do Estado de São Paulo, 2004. ISBN 85-7448-103-3
– Jürgen Partenheimer, CrossMapping, The National Museum of Fine Art, Peking, 2001. ISBN 3-933807-54-9

Born 1947 in Munich. Lives and works in the vicinity of Cologne and in Munich.

Since 1983 visiting professor at the San Francisco Art Institute, the University of California at Davis; Staatliche Kunstakademie Düsseldorf; Rijksakademie van Beeldenden Kunsten, Amsterdam; The Royal Academy of Art, Edinburgh.

Participation at XI Paris Biennale, XVI São Paulo Biennale, XLII Venice Biennale.

Comprehensive bio-bibliography:
– Jürgen Partenheimer, Roma-São Paulo, Staatliche Kunsthalle Karlsruhe, 2006. ISBN 3-937572-53-9
– Jürgen Partenheimer, Suave Locoura – Gentle madness, Pinacoteca do Estado de São Paulo, 2004. ISBN 85-7448-103-3
– Jürgen Partenheimer, CrossMapping, The National Museum of Fine Art, Beijing, 2001. ISBN 3-933807-54-9

Abbildungen
S. 4–54
Aquarell, Tusche, Bleistift auf Papier
15 × 22 cm
Courtesy Häusler Contemporary, München-Zürich

Ausser
S. 13 Courtesy Sammlung Amala Eggers, Berlin
S. 28 Courtesy Privatsammlung, Düsseldorf

S. 72, 74–75
Courtesy Häusler Contemporary, München-Zürich

Illustrations
p. 4–54
Watercolour, ink, pencil on paper
15 × 22 cm
Courtesy Häusler Contemporary, Munich-Zurich

Except
p. 13 Courtesy Amala Eggers Collection, Berlin
p. 28 Courtesy Private Collection, Düsseldorf

p. 72, 74–75
Courtesy Häusler Contemporary, Munich-Zurich

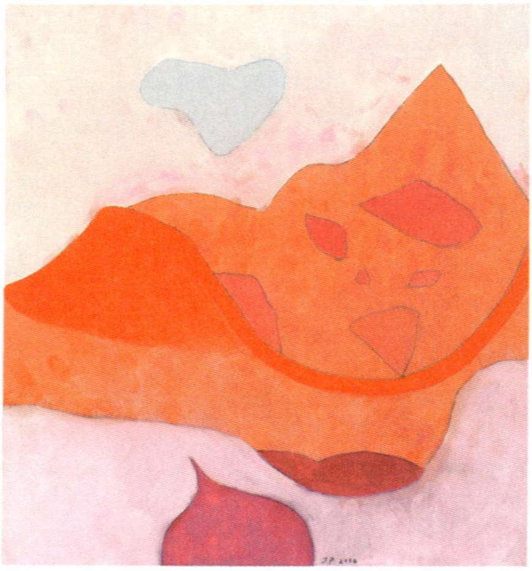

Carmen [Sils I], 2006
Öl auf Leinwand / Oil on canvas, 50 × 45 cm

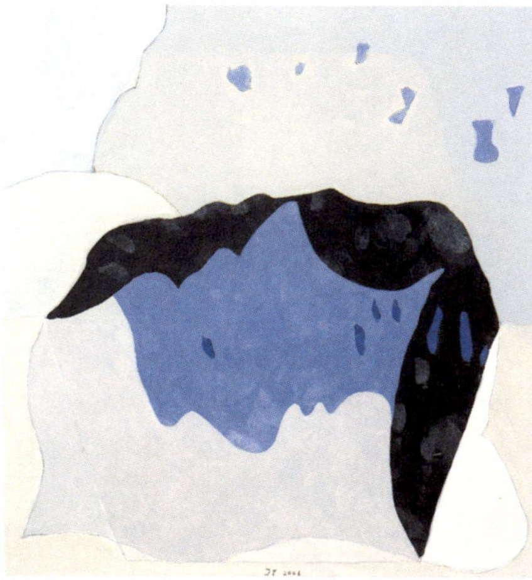

Carmen [Sils II], 2006
Öl auf Leinwand / Oil on canvas, 50 × 45 cm

Diese Publikation erscheint anlässlich der Ausstellung Jürgen Partenheimer, *Metaphysische Landschaft,* im Nietzsche-Haus, Sils-Maria, 20. Juli 2007–13. Juli 2008

This publication appears on the occasion of the exhibition of Jürgen Partenheimer, *Meta-physical Landscape* at the Nietzsche-Haus, Sils-Maria 20th July 2007–13th July 2008

Ein ganz besonderer Dank gilt Wolfgang Häusler und Häusler Contemporary, München-Zürich für die Betreuung des Projektes. Für grosszügige finanzielle Unterstützung danken wir der Stiftung ThesArte Frankfurt, Düsseldorf, Hamburg, Berlin sowie der Willi Muntwyler-Stiftung St. Moritz, den Oberengadiner Gemeinden St. Moritz und Silvaplana sowie dem Hotel Waldhaus und selbstverständlich auch dem Nietzsche-Haus in Sils-Maria.

Sincere thanks go especially to Wolfgang Häusler and Häusler Contemporary, Munich-Zurich for supervision of the project. Our thanks for generous financial support of this publication go to Stiftung ThesArte, Frankfurt, Düsseldorf, Hamburg, Berlin, as well as to the Willi Muntwyler-Stiftung St. Moritz, the municipalities of St. Moritz and Silvaplana in Oberengadin, the Hotel Waldhaus and, of course, the Nietzsche-Haus in Sils-Maria.

15 Exemplare erscheinen als Vorzugsausgabe mit einer von Jürgen Partenheimer signierten und nummerierten Collage. Herausgegeben von Häusler Contemporary Edition, München-Zürich.

Special Edition of 15 copies with an original collage signed and numbered by Jürgen Partenheimer. Published by Häusler Contemporary Edition, Munich-Zurich.

Ausstellung / Exhibition
Konzept / Concept: Jürgen Partenheimer, Wolfgang Häusler, Peter André Bloch

Katalog / Catalogue
Herausgeber / Editor: Nietzsche-Haus in Zusammenarbeit mit / in collaboration with Häusler Contemporary, München-Zürich
Konzept / Concept: Jürgen Partenheimer, Lars Müller
Design: Integral Lars Müller, Baden
Redaktion / Editing: Peter André Bloch
Übersetzung / Translations: Jonathan Brogden, Catherine Schelbert
Korrektorat / Proofreading: Susan James
Fotonachweis / Photo Credits:
Jürgen Partenheimer, S./pp. 2–3, 56;
Wolfgang Grümer, S./pp. 72, 74, 75
Lithografie / Lithographs: Richter Verlag GmbH, Düsseldorf
Druck / Printing: Schwabe AG, Druckerei, Muttenz / Basel
Buchbinderei / Binding: Grollimund AG, Reinach

Erste Auflage / First Edition
Verlag / Publisher: Schwabe AG, Verlag, Basel

ISBN 978-3-7965-2401-1

www.juergenpartenheimer.de
www.haeusler-contemporary.com
www.schwabe.ch